未来人养育

培养面向未来的孩子

下 沙◎著

中国妇女出版社

图书在版编目（CIP）数据

未来人养育 / 下沙著. -- 北京：中国妇女出版社，2019.6（2019.7重印）
ISBN 978-7-5127-1726-8

Ⅰ.①未… Ⅱ.①下… Ⅲ.①家庭教育②儿童心理学 Ⅳ.①G78②B844.1

中国版本图书馆CIP数据核字（2019）第067005号

未来人养育

作　　者：下　沙　著
策划编辑：应　莹
责任编辑：李一之
封面设计：尚世视觉
责任印制：王卫东
出版发行：中国妇女出版社
地　　址：北京市东城区史家胡同甲24号　　邮政编码：100010
电　　话：（010）65133160（发行部）　　65133161（邮购）
网　　址：www.womenbooks.cn
法律顾问：北京市道可特律师事务所
经　　销：各地新华书店
印　　刷：北京通州皇家印刷厂
开　　本：165×235　1/16
印　　张：16
字　　数：220千字
版　　次：2019年6月第1版
印　　次：2019年7月第2次
书　　号：ISBN 978-7-5127-1726-8
定　　价：49.80元

谨以此书，献给我的儿子

他允许我爱他

并允许我不是那么完美的妈妈

如他所说

我可以将我知道的分享给更多的人

推荐序

每位刚刚做父母和即将做父母的朋友是否做好了准备？是否知道如何培养孩子？

我们国家目前做父母还没有准入证，没有资格证。可是，如果我们不学习如何做父母，往往会带着原生家庭过去悄悄植入我们的操作系统建立自己的小家，又可能会用从父母那里模仿学习的、无师自通的经验养育自己的孩子。

当我们发现我们小时候的世界与孩子当今生活的世界已经不是同一个世界时，当我们发现孩子如此难带时，当我们的孩子出现这样或那样的问题时，我们才意识到：我们需要觉察、审视和更新迭代我们的教育理念了。下沙老师这本书恰恰给我们提供了一个可以参考的样本，因为这是一位用心培养孩子、用心与孩子互动、用心学习如何养育孩子的母亲，用自己的爱与智慧完成的一本书。

我非常认可她的观点，养育孩子首先要做好自己，学会爱自己，接纳自己的不完美，接纳自己的情绪，觉察自己的言行模式。

为了孩子的健康成长，需要给孩子提供一个充满爱的家庭环境，需要父母彼此相爱，需要有爱的沟通交流、有爱的表达。然而，在太多的家庭里，充满着指责、讨好、打岔和假理性等不当的沟通模式，如果不觉察，我们就会自动重复原生家庭的交流方式，把不当的方式传递给孩子。

本书用生动的故事告诉我们，如何帮助孩子学会觉察和处理自己的情绪，找到自己指向未来的价值方向，让孩子能够和他人建立爱的关系，这是每个孩子，即未来人，在生活中最重要的能力。

父母的养育方式决定了孩子的未来，我相信此书一定能够对很多年轻的父母提供极为有用的参考和帮助，因此，我向大家推荐此书。

中国科学院心理研究所
国家公务员心理健康应用研究中心主任
祝卓宏教授

自序

—

同孩子一起面对未来的挑战

问：“妈妈，你的书是讲什么内容的？”

答：“是讲如何培养孩子的。”

问：“是告诉我们，如何学好语文，如何做好数学题，如何学好英语，还是如何认识昆虫……”

儿子知道我在写书后，抛出了一连串的问题。学科学习是他所熟悉的，昆虫是那期间他最感兴趣的。

我告诉他说：“都不是，我是要讲，爸爸妈妈如何做，才能让你们在路上，遇到高山就能开路，遇见大河就会架桥。”

他眼睛瞪得大大的：“真的吗？那你到底要如何做呢？”

这就是我和孩子的日常。我常常和他聊天，从他“啊、哦”的回应到可以进行各种话题讨论，在陪他成长的历程中，也让我从生产内容者、一个支持妈妈成长的人到真正的育儿实践者，这个过程充满挑战，但也有许多欣喜。

当下，为了让孩子拥有更强的实力面对未来的各种挑战，要么认为不要让孩子输在起跑线上，抓紧一切时间培养孩子的各种技能；要么提倡快乐育儿、不管不顾。其实，学习技能和追求快乐都没有错，但不能片面或者极端地理解，学习不是强迫，不是灌输，快乐也不是放任不管。

重要的是不能忽视：孩子要成为一个什么样的人？未来社会到底需要什么样的人？今天我们教会孩子的技能，在五年后、十年后到底还有多少有效性？

每个人都会遇到一些重要的节点，需要你突破一些困难，迎接一些挑战，回头看就会发现，不管我们面临什么，只要你知道自己要什么，知道如何找到自己的资源去达成，就可以不断前行。

如果我们只看到当下，就会紧张地关注：孩子是否会走路了，能否说话了，是否会算数了；如果你了解孩子的成长历程，就知道从更长远来看，这些都是他可以做到的，只是每个孩子可以做到的时间点不同。那要让孩子适应未来，面对未知的世界，到底需要些什么呢?

如果，他得到了足够的尊重与恰当的爱，那么他就会更好地看待自己，会有更多勇气去尝试和面对新的挑战。在这个过程中，他学习到如何做出选择，并为自己的选择负责；他也知道什么是自己想要的，自己又要如何去满足自己的期待；他不会因为别人的评价而倍受打击。那么他在未来，不论是面对什么，他都会信任自己，相信自己在任何时候都可以选择，相信自己可以更好，可以成为一个独立自主、对自己负责的人。

如果，他能在一个好的家庭中成长，拥有一个以他本来的样子爱他的父母，那他就会在与父母的关系中，学习到如何与人互动，如何表达爱，如何表达关心，他就可以建立好的同伴关系，在关系中得到滋养。

如果，他被允许自己是可以生气的，也是可以愤怒的，那么他就有可能学会把情绪看作了解自己的一个信号，知道情绪背后，自己到底还有哪些需要未得到满足，自己要为此做些什么。这样，他在未来就不会被情绪所困扰，做出极端的行为，他就会知道如何让自己拥有快乐。

要让孩子做到这些，并不是我们要正经地给孩子上课，而是在于我们的一言一行。在我们和他的互动中，你想让孩子成为什么样，你就做给他看，这一切都是很自然的事，就好像当孩子回应父母灿烂的微笑时，双方之间那种温暖的幸福，真的是只有体会过的人才能懂；当你经历了这个过程，就知道如何了解自己，如何更好地管理自己的情绪，如何滋养自己，如何让自己有足够的心理能量，也就能更好地前行了。

我对推广如何更好支持孩子的成长一直有着极大的热忱，除了生产给父母看的内容，十余年来，我一直尽己所能，不断地用最恰当的方式支持亲子心灵共成长，无论是之前的杂志出版，还是后来的父母成长小组、线上直播、心理咨询，都在陪伴父母走过孩子重要的人生阶段，帮助他们更好地了解孩子，思考孩子的心理需要，给孩子更积极的对待方式。我常与一些有育儿困惑的父母一起工作，帮助他们调整养育方式，最开心的是看到父母的转变。

我相信，每个父母都能成为自己的育儿专家，因为父母才是最了解孩子的人。

我相信，一个拥有健康心理的孩子，他会情绪平稳，个性乐观，能够面对挫折，热爱新事物，有责任感，爱自己也能爱别人。这些品质会让他在未来，不论面临什么情境，都可以逢山开路，遇水架桥，做真正的强者。

我衷心希望能透过这本书，启发你在孩子生命的头几年，建立更好的亲子关系，享受彼此陪伴，并感谢丰富了彼此的人生，一起面对未来的挑战。

谢谢！

2019年6月1日

目录

—

CONTENTS

第一章

准备自己，为孩子赋能

爱孩子是天性

更是能力

不论你曾经是什么样

只要愿意觉察

并有所行动

就会成为情绪稳定的父母

就可以给孩子更多自由

并让孩子知道什么可为，什么不可为

在好的沟通中，和孩子玩在一起

成为孩子需要的

并能为孩子赋能的父母

爱孩子，从爱自己开始

养育孩子，对大多数人来说，都是第一次。我们期待孩子可以健康成长，但到底要怎么做呢？其实，答案很简单，如果你想要孩子优秀，那就自己做给他看。孩子就像海绵，无时无刻不在吸收父母的一言一行。不管你愿意或者不愿意，意识到或者没意识到，孩子总是源源不断地从父母这里学到东西。

有一个故事，可能很多人都听过：有人要去非洲卖鞋子，在考察中发现，那里的人不穿鞋子，只是赤着脚。积极乐观的人回来报告说，那里的市场很大，人人都没有鞋子穿，很多人都会来买我的鞋；消极悲观的人则报告说，那里的人不穿鞋子，没有推销的机会。

从这个故事中，我们看到不同状态的人对待同一个现象所表现出来的不同看法。身为父母的我们，不妨看看自己的状态：在看待一个问题时，态度是积极的还是消极的？当孩子跟我们在一起的时候，他是会觉得自己很好，还是会觉得自己很差？

怎样才能觉知自己是否可以做好呢？那就是看看你是如何对待自己的。当自己失败了，当自己面临他人指责的时候，你是不是还可以温和地对待自己，是不是还可以信任自己？你需要客观看到自己已经做到的，同时看到自己还需要去完善的部分。

生命允许你去体验

当然，我并不是想要告诉你如何做是对的，如何做是不对的，所以你大可以喘一口气，让自己完全放松。

当小婴儿来到我们身边，他全身粉粉嫩嫩的，好像一碰就会伤害他那娇嫩的肌肤。这个粉粉嫩嫩的身体里，有着独立的自我，但这时的他对我们又是极度依赖的。看着刚刚出生的婴儿，我相信，每个妈妈都有着属于自己的感受。

记得当年生儿子希希时，我经历了48小时的产程，疲惫和疼痛已经让身体极度紧张和僵硬。但当大夫抱着婴儿放到我怀里，让他靠在我身体的左侧时，我觉得自己好像触电了一样，整个身体都变得敏感而又充满活力，感受着小小的他，整个人都柔软了下来。当让他进一步靠近乳头时，他居然张开嘴开始吮吸起来。这时，我心里出现了大大的问号，他怎么会这个？什么时候学会的？而更神奇的是，就在那一刻，作为新妈妈的我，居然会有乳汁，这一切都是那么刚刚好。

那一刻，我莫名地感动，生命的奇迹就这样上演了，我更坚定地感受到，我真的是一个妈妈了，这个小小的娃娃与我有着不一般的关系，我的育儿之路开始了。虽然与他没有语言的沟通，但通过他的哭声就能知道他的需要，知道如何把他抱起来，如何做他会感觉舒服，怎样给他穿衣服会让他保暖，什么时候他需要自己待一会儿，什么时候需要我陪着他。

每个妈妈和孩子亲密接触的过程大不相同，可能你有过孩子在你身上撒尿的经历，或者哺乳期外出的你感觉乳房涨得阵阵疼痛，甚至奶水浸湿了衣服，而孩子也在家饿得哇哇哭，但妈妈和孩子心意相通，这就是每一个平凡的妈妈所要经历的。

不必焦虑，照顾孩子是你天生就会的事

在养育孩子的过程中，很多妈妈会发现，照顾孩子是自己与生俱来的能力。妈妈不需要很聪明，也一定做得来。

在我们所生活的社会中，总有很多的标准和要求，上学时你需要努力做个门门功课优秀的学生，工作后你需要不断努力提升自己。但做妈妈，你无须面面俱到，因为你曾经就是一个小娃娃，你知道作为孩子的感受，也期待过妈妈如何对待自己，你也可能从小就会玩“过家家”，会照顾洋娃娃。所有这些都是你做一个妈妈所具有的资源。

也许，你对于养育孩子这样一件非常重要的事，却不需要很聪明就可以做到，会觉得很奇怪。小婴儿要长成健康、独立又自主的成人，他要学习如何了解这个世界，如何照顾自己，如何学习和生活，这漫长的历程一定要有个好的开始。

如何才是好的开始呢？

最重要的是妈妈和孩子之间的关系建立。过去，刚出生的孩子如果没有妈妈，他的生命可能会受到威胁，他会活不下来。妈妈的爱对孩子来说就是一个好的开始。只要你爱你的孩子，对他来说，就已经足够了。

爱孩子，从接纳自己开始

你可能会听到有的父母说：“我就是很爱我的孩子，为了他，我都辞掉工作了。”“我所做的所有事情都是为了他，他想要什么，我都给他提供。”……

你也许会纳闷，这样做是真的爱孩子吗?

> 爱是接纳，会接纳孩子就是他本来的样子，不管他是听话的还是调皮的，是活跃的还是安静的。

爱是接纳，会接纳孩子就是他本来的样子，不管他是听话的还是调皮的，是活跃的还是安静的。在爱里，不包括控制和牺牲，因为那对父母和孩子来说，都是不愉快的。

很多时候，当我们成为父母时，我们总是高度警醒，把做个好妈妈、好爸爸当成首要任务，却不记得我们自己是谁了。我们想要什么，我们如何照顾好自己，这些我们都忘记了。于是，当我们做错事了、失败了的时候，我们就会觉得自己做得不够好。我们对自己很严厉，不轻易原谅自己。我们不能接纳做错事的自己。

如果我们知道将自己与事件区分来看，那我们就会对自己说：“我相信你，这次做错了，下次再来。”当我们知道自己是谁，接纳自己的全部，我们便不会假装自己没错，或者不断批判自己，而是即使偶尔犯错，也依然相信自己。

如果我们做不到完全相信自己，那必然也无法做到相信孩子。因为在对待孩子的时候，我们心里那个批判的声音肯定会出来。

所以，我们需要学会觉察自己：当我犯错、失败的时候，我能够坦然承认吗？我能够接纳自己犯错吗？

我可以自己承认：做错了不要紧，我可以从错误里面学习，但是我还是信任自己的，我不会因为做错而不爱自己。这个叫作无条件的接纳。

其实，对孩子、对自己是一样的。孩子会做错，妈妈也会做错；孩子会失败，妈妈也会失败。重要的是在那个当下，能不能做到无条件的接纳。

爱孩子，从做自己开始

孩子最开始的学习过程是一个不断模仿的过程。一般来说，我们可以通过“言传”和“身教”两种方式进行。所谓“言传”，自然是通过父母与孩子的交流完成对孩子有意识地教导和培养。所谓“身教”，则是父母以身作则，为孩子树立榜样。

孩子从出生的那刻起，就在用眼睛看着、耳朵听着、心灵体会着、头脑思索着父母的一言一行。父母的一举一动都在深深影响着孩子，成为他学习和模仿的范本。很多事情，只有父母自己本身做到了，才可能潜移默化地传达给孩子。

父母要以身作则。言行相悖比对孩子放任自流造成的影响更坏。家庭规则父母应该带头遵守，否则不但不能使孩子听话，更会导致父母对孩子的教育影响力衰减甚至走向反面。古训“以教人者教己”，即是要求孩子身上形成良好的品质和习惯，父母都应先具备。榜样作为一种具体的形象，具有强烈的暗示和感染力量。

父母要以身示教。父母经常会告诉孩子应该做什么，不应该做什么，以规范孩子的言行，但这种空洞的说教所起的作用往往微乎其微，比不上父母亲自示范的作用大。如果你经常向家里的长辈主动问好和关心，碰到邻居或熟人主动打招呼，带孩子串门做客时谈吐得体、举止文雅，在公共场合文明有礼，公交车上主动给老人让座，凡事多说“请”“谢谢”等礼貌用语……父母的一言一行，孩子都会看在眼里，并进行模仿。

父母要言而有信。父母一旦答应了孩子的事就一定要兑现，兑现有困难的事就不要轻易许诺。如果父母经常言出不行，说话不算话，就会降低在孩子心目中的可信度，孩子对父母的信任就会由于父母的失信次数而递减。累积到一定程度，孩子可能完全不把父母的话当一回事了，教育更无从谈起。而且，父母经常言而无信，孩子也会下意识地效仿，对自己说出的话不负责任，养成不良习惯。

爱孩子，从爱自己开始

父母要正确认识自己，体验到爱是快乐的。心中有爱的人会乐于看见别人的快乐，就像妈妈会被子女眼中闪现的光芒感动，因为这表示孩子与生命连接，妈妈会因此觉得快乐、安心、满足。

不过有一点要注意：别人并不是快乐的来源。在爱的状态里，虽然快乐会因对方的存在而激发，但双方都要为自己的快乐负责。许多人坚信自己的快乐来自别人，只有自己被爱时，才觉得快乐。这种人容易用讨好的方式控制别人，以避免自己被别人拒绝，结果失去内在的力量和自主性——这不是爱。

在爱中的人会各自成长，因成长而更爱自己，会明白只有自己才能使自己快乐。而更深刻的快乐是能爱别人，感受到爱的丰盛和喜悦。

在爱中的人会各自成长，因成长而更爱自己，会明白只有自己才能使自己快乐。而更深刻的快乐是能爱别人，感受到爱的丰盛和喜悦。

当妈妈勇敢地敞开自己，抱着好奇去了解自己时，才能有机会接纳自己和孩子。在接纳的爱中，妈妈可以走出僵持在指责、内疚和轻视中的状态，跳脱对错的限制，接受自己和别人的想法、感受。在接纳的过程中，妈妈就会对任何转变都持有一份好奇并愿意面对，就能克服自卑，使自我价值感得以成长，而不会再因为孩子达不到自己的期望而产生怨恨和愤怒。完全接纳自己的妈妈，具有更高的自我价值感，即使自己感到脆弱，也不会逃避痛苦的感受，能为自己的感受负责，不会责备他人。

养育孩子总是会对妈妈提出很多新的要求，而随着孩子慢慢长大，所要求的事项也会不断地变化。为了顺应孩子的成长，妈妈也需要不断地做出相应的调整和改变。自爱的妈妈接纳了自己，了解了自己的内心需求，会更明白如何对孩子的需求保持觉察，如何将真相与错觉区别开来。

这时，妈妈将了解什么是真爱，原来爱可以这样纯粹，自己爱的是孩子本身，而不是别的什么。在真爱中没有牺牲和负担，真爱中也没有“应该”，这种有觉知的爱，不是为了别人而牺牲、委屈自己的需要而去爱，而是为了所爱而去爱。

爱的自我内省

当孩子出生时，你对孩子的期待是什么？

在养育孩子的过程中，你是如何照顾好自己的？

给孩子好的家庭关系

我们早期的原生家庭让我们得以生存，还让我们了解到人与人之间的互动模式，并帮我们建立起不同的沟通模式。当下的家庭生活也同样在影响我们的孩子。下面3个问题有助于你思考给孩子的家庭关系是什么样的：

- 你对给孩子的家庭生活满意吗?
- 家人之间感觉彼此亲近、相互爱护，可以坦诚沟通，是非常亲密的吗?
- 家人之间相处很轻松，在一起时，会感到自己状态是很好的吗?

你也许考虑过这些问题，但大多数人都把和孩子共同生活当成是理所当然的。如果在家庭中没有人抗议，或者没有发生家庭冲突，大家就会认为每个人都是满意这种生活状态的。的确，对很多人来说，家是最有趣、最让人舒服的地方，会感受到自己变得越来越好，但对有些人来说，则会觉得家人之间存在一种威胁、压力，彼此总是不断产生各种打压行为。

如果对于上面3个问题，你的回答是否定的或者不确定的，那么你的家庭关系可能存在某些问题。这并不是说你的家庭不好，只是提醒你有一些地方需要调整。

当然，每个家庭存在的问题都各不相同，但确有很多相似之处。在问题家庭里，成员之间会觉得彼此很淡漠，或者彼此间很客气，或者会有厌烦的情绪，他们交流时并没有眼神的交流，只是就事论事，或者很紧张，感觉暴风雨随时就会来临。

不被爱和理解的家庭关系阻碍孩子成长

在5岁的小绿家里，她发现父母总是紧绷着脸，有时因为一点儿小事就会很大声地争吵，或者看也不看对方一眼就“嗯”“哦”地回应着。有时因为工作太忙，父母可能好几天也不能一起吃顿饭。小绿很少得到父母的夸奖，妈妈总是让她去上很多兴趣班，只要小绿稍有放松或者出错，就会遭到妈妈的一阵数落，只有在别人夸奖小绿时，妈妈才会笑一笑。小绿觉得妈妈总是对自己不满意，生气的时候，就会摔东西或者大喊大叫来表达自己的情绪。

难道是小绿的父母特意选择的这种令人不快的生活方式吗？生活在这样的家庭里，每个人感受到的都可能是无助、绝望和孤独，都只是麻木地游走其中，需要日复一日地忍受痛苦。而孩子生活在其中，感觉不到自己的价值。小绿的妈妈很在意小绿的表现，但需要通过外在的刺激才能被认可，小绿也感受不到来自父母的肯定，可能会觉得自己没有价值，是不被爱的，但她又不知道问题在哪里，就容易出现行为问题。

同时，小绿在这样的家庭氛围中也不会学习到如何表达亲密和爱。父母之间没有好的沟通示范，妈妈也总是对小绿严格要求，并没有让小绿感受到“我爱你”，小绿就会觉得如果达不到妈妈的要求，就得不到爱。小绿妈妈并不是真的不爱小绿，但这样的沟通方式是模糊不清的，如何表达需求，如何表达不同，如何协商解决问题，这些都不能得到好的示范，而小绿也只好通过哭闹表达出来。

在小绿家里，小绿感受到的是要不断满足父母的要求，而自己的情绪是不重要的，当小绿做错了，不能得到关爱和理解，只会被指责，她会感到犯错是不被允许的，而不能从错误中学习。

当你读到这里，请稍做停留，想一想在你的家庭中，是不是会出现小绿所面临的情况，你和伴侣之间会不会冷冷清清、客客气气，有时又神神秘秘、令人不解呢？而在好的家庭关系中，这一切都会有所不同，孩子生活在其中，会感觉到被接纳、被真诚和爱意包围，每个人都对生活充满了热爱。

在家庭中，孩子需要“被允许”

在5岁的梅梅家里，每个人都可以自由表达，可以不用掩饰自己的快乐、难过、愤怒和不同意见，他们表情放松，可以无所不谈。

如果爸爸有不开心，孩子也可以直白地说：“爸爸，你看上去有些不对劲儿哟。”即使这样说，梅梅也不担心爸爸会教训她，爸爸也不会觉得被女儿说穿后无地自容，或者马上否认，他会坦诚地说：“我今天确实有些不太高兴，白天发生的事让我太郁闷了。”

如果梅梅不小心打破了碗或者杯子之类，妈妈会说："梅梅，看你打破了碗，有没有伤到哪儿？需要我给你拿个创可贴吗？你可以用扫帚把地上的碎片清理干净。我重新给你盛一碗去。"

在前面提到的问题家庭里，孩子犯错可能会引发父母半个小时的责备和抱怨，然后以孩子的号啕大哭结束，但在梅梅家里，犯错是被允许的，不会因为孩子的失误而惩罚孩子，反而会通过平常小事让孩子学习如何解决问题，孩子会体会到，自己是比事情本身还重要的，会感受到被关爱和被珍视，能够感受到自己的价值，从而形成较高的自我价值感。

> 养育孩子恐怕是世上最具有挑战性的任务，给孩子一个好的家庭关系，会让孩子更好地成长。

梅梅家中，人与人的沟通是直接、清楚的。爸爸妈妈不会因为梅梅小就忽略她，相反，他们都尊重梅梅的意见，允许她发表自己的看法。父母不是权威的代表，也不是拥有权力的领导者，光对孩子发号施令或者进行评判，他们愿意与孩子分享自己的快乐、生气和伤心。孩子所看到的就是真实存在，每个人不需要去隐藏自己的想法，或者言行不一致。

建设健康的家庭关系从处理差异开始

在健康的家庭关系里，每个人都彼此接纳，相信大家是平等的；家人重视彼此之间的关系，互相信任、诚实及开放；家庭成员间有一致的沟通形式，彼此相互支持、共同分担责任；家庭成员间接纳彼此的差异，同时庆幸每个人拥有其独特性，尊重彼此的隐私；在家中各种感觉都被接纳与处理；家庭成员间都被鼓励去探索，以及从错误中学习成长。

在这样的家庭中，父母很懂得爱孩子，孩子也觉得自己是值得爱的，自我价值感比较高。但是在问题家庭中，爸爸妈妈不懂得爱孩子，那么孩子就会觉得家庭中没有爱，没有人爱自己，自己是不值得被爱的，这对他的个性发展会有不良影响。但是，导致家庭出现问题的原因并不是固定不变的，我们可以有新的选择，可以去学习如何去建设好的家庭关系：

1.承认在我们的家里，偶尔出现一些问题是正常的。

在一个家里，爸爸和妈妈的成长环境是不同的，对同一件事情，每个人的看法也是不一样的，但如果你可以认识到彼此本来就是不一样的，就会更有可能承认彼此的不同，也会不断地积极寻求新的办法来应对不断出现的问题。

2.原谅自己所犯的错，也不指责其他人的错误，要相信改变是会发生的。

每个人都会犯错，只有不断地进行尝试，我们才会有新的开始。如果为孩子创造的家庭生活中，孩子必须严格遵守各种规则，否则就受到指责，只要犯错就会受到惩罚，那么孩子就没有机会学习到如何为自己的行为负责。而当我们允许自己犯错，也才会做到允许孩子犯错，当我们可以示范如何从错误中学习，孩子也才会学习到如何将犯错当作一个成长的起点。

3.行动起来，去做些改变。

如果意识到家庭中存在一些问题，而现在的问题也在告诉你今后要如何去做，不用内疚，也不用指责其他人，因为你知道你是可以改变的。你可以调整一些自己的观点，比如承认孩子是不断变化的，成长就是一个会犯错的过程。你也可以带着更多的好奇，去接纳家里人的不同。你还可以调整自己的沟通方式，允许每一个人都能真实地表达自己。

总之，去建设一个适合孩子成长的好的家庭关系，让每个家庭成员都可以敞开心扉，彼此赋能。

做情绪稳定的父母

在养育孩子的过程中，你可能常常会听到一些妈妈说："这孩子，气死我了！"我们明明很爱我们的孩子，愿意为孩子付出一切，为什么却总是忍不住要对孩子发脾气？

这时，我们就需要了解一些问题：

- 情绪是什么？
- 为什么我们面对孩子时，总是按捺不住自己的情绪而怒发冲冠？
- 我们要如何面对自己的情绪，并管理好自己的情绪？

情绪是有原因的

5岁的点点很听妈妈的话。妈妈准备了丰盛的早餐，点点不小心打翻了杯子，她马上朝妈妈看了一眼，发现妈妈正盯着她，点点吓得马上哭了。紧接着，就听到妈妈一阵劈头盖脸的数落："我刚刚不是说了，让你小心别打翻水杯吗，你真是不让人省心，就知道哭，我怎么有你这样的孩子，连个水杯也拿不好。"

在那个当下，对于点点妈来说，她可能并没有来得及思考，可能她小时候学到的方法是指责，于是她理所当然地认为“我的妈妈这样对我，我就这样对我的孩子”。就像案例所呈现的，她就会责骂点点。如果点点妈从小学习到的方式是讨好，那么她现在就可能会憋着一肚子气还去哄孩子“别哭，别哭”。如果她小时候学会的是用超理智的方法，她可能就会给孩子讲道理：“杯子打翻没关系，但如果扎伤手就很麻烦了。”如果她小时候学会的方式是打岔，那这时她可能会装作没听到也没看到……

对于我们每个人来说，我们或多或少会从自己原生家庭照搬一些负面的做法。在上述案例中，点点会认为自己太没用了，总是惹妈妈生气，而她其实很想好好拿住杯子，只是杯子太滑没办法拿稳。孩子对情绪有着很强的觉察力和敏感度，他们虽然不能清楚地认知情绪，却会时时受妈妈情绪的影响，所以点点在打翻杯子时，马上去观察妈妈的脸色。

要引起我们思考的是：妈妈为什么会对点点打翻杯子的行为非常生气呢？或许妈妈期待餐桌整齐，或者是认为点点本可以拿好杯子，或者是希望自己可以不用收拾残局……当这些期待落空之后，她就生气了。觉察情绪背后的原因可以让我们更好地管理情绪。

情绪易引发孩子的焦虑

你也许会疑惑，难道点点妈不能生气，不能有情绪吗？

当然不是，只是在我们的成长历程中，对情绪有很深的误解。我们通常认为产生情绪是不好的，会影响一个人的成熟度和个人形象，所以希望人们最好不要“有”情绪。通常，我们习惯于压抑自己的情绪。但是，情绪本身不受意愿的控制，情绪是一种反应，是我们对所经历的人、事、物的反应，它更像我们身体内的一种自然现象。我们常被教导说“不许生气”“不值得伤心”“不能有负面情绪”，但当有外在刺激出现时，我们就会产生害怕的生理反应及感受，促使我们有更多的能量警觉而逃走，达到保护自己和家人的目的。当有外力要侵犯我们时，发怒就能吓退敌人或争取到生存的空间，同时还伴有生理反应，比如眉头紧锁，肩膀紧张，全身僵硬，无缘无故口渴，无缘无故想做什么，等等，这些都是在提示你，你的情绪就要有进一步反应了。

虽然我们可以有情绪，但如果妈妈的情绪不稳定，或者不能正确处理自己的情绪，就会引发孩子内心的焦虑。孩子对妈妈情绪的敏感体察从幼年就开始了。

10个月的小暖看见妈妈回来就会扑过来，想要妈妈抱，可是小暖妈是个情绪不稳定的人，她开心时就会迎着小暖，张开双臂，给小暖一个大大的拥抱，而如果她不开心，就会不理小暖，对小暖的需求也好像没有看见。这让小暖很混乱，因为她还不能解读妈妈的情绪。

对孩子来说，如果与妈妈的互动模式是这样的，就会对人际交往产生困惑，将来和其他人相处也可能会出现类似的问题。比如，孩子会想亲近别人，但是又觉得不安全，因此无法与人建立积极的关系。

学会与自己的情绪相处

情绪是不可避免的。但又不能对孩子发脾气，难道要一直忍着、压抑着吗？当然不是，你需要的是更好的情绪处理方法。

1.觉察自己的情绪。

你要对自己的身体有一些了解，这样才能更好地觉察到自己的情绪。比如你感觉胸闷、心跳加速，或者烦躁不安，你要对这些感觉有一定敏感性，了解自己在生理上的变化意味着什么。当你有了觉察，才可能带来改变，否则就会重复旧的行为模式，虽然我们不一定喜欢，却会不自觉地不断重复。因为人通常都愿意待在舒适区。

2.承认自己有情绪。

承认自己的情绪，并且告诉孩子，你的情绪与他无关。你向别人承认的时候，会听到自己说，对方也会听到你说，对方就会有反应。比如，你可以说：

“妈妈现在有些生气。”

“我感觉心跳很快，我有些不安。”

“现在妈妈有一些情绪，但这个跟你没关系。我会自己来解决。”

3.接纳情绪，你的情绪是属于你的。

如果你的想法是“你惹得我生气”，那你的情绪就是由别人控制了。当你承认“我很生气”，而不是“你惹得我生气”时，你就拿回了情绪的主权，只要你把主权拿回来，你就开始了改变，你可以决定你是不是要继续保留它，于是对于情绪的选择权就在你手上。

四步制怒法

很多妈妈在学习和成长了之后，当自己仍有负面情绪，比如愤怒的时候，内心就开始出现一个指责的声音："你怎么能愤怒呢？"于是，愤怒的背后又多了一份自责，产生新的抵抗及自我否定。其实，这种指责与评判会让事情变得更糟，妈妈要试着改变自己对情绪的态度。当愤怒出现的时候：

第一步 妈妈可以对内在的自己说："我是可以愤怒的，愤怒是可以的。"一旦有了这份觉察，你的内心就会平静下来，开始接纳自己的情绪。

第二步 妈妈不妨去观察，愤怒的背后是什么。是失望吗？是害怕吗？往往愤怒的背后就是一份失望，有时候也可能伴随着一些悲伤。告诉自己："好，我看到了。"

第三步 妈妈可以认真地探索自己的内在想法，不妨问问自己："我的期待是什么？我的期待是对别人的，还是对自己的？"这能让妈妈更加平静地接纳自己的情绪。

第四步 收回对他人的期待，对自己负责。一旦接纳自己内在情绪的起伏，妈妈就越来越能够做自己情绪的主人了，甚至可以毫不自责地生气，也可以毫无顾虑地悲伤，当觉得有必要生气和悲伤时。因为你可以用越来越短的时间来实现转化，把自己的情绪调整到一个很好的状态，轻松面对负面的情绪。

4.决定如何应对。

在某个情绪的当下，你可以重复旧的应对方式，也可以尝试一些新方式。你要有可以释放情绪的通道。情绪只是一种心理的状态，需要表达出来，通过合适的方式释放出来。比如，你可以给自己一个独处的时间，让自己和孩子都平静下来。你也可以做一些放松练习，闭上眼睛，去体验身体上的变化。

5.给自己一份欣赏和感谢。

当你觉察的时候，你要欣赏和感谢你有新的觉察；当你向人承认的时候，你要欣赏和感谢你有勇气向人承认，也要欣赏和感谢你愿意把主权拿回来；然后还要欣赏和感谢你做了一个决定，无论你做的决定是重复旧的处理方式，还是在学习新的处理方式；当你有了新的决定的时候，你知道你不会立即心想事成，你要欣赏和感谢你所走的每一步。

6.等情绪平静下来，再去处理孩子的问题。

如果孩子的行为确实需要调整，那你可以坚定而温和地告诉他。比如："你不可以抢别人的东西，如果你要跟别人一起玩，那你可以问他愿不愿意让你玩一会儿，或者你用你的玩具跟他交换。"如果你真的没有管理好自己的情绪，冲孩子发了脾气，你可以向孩子道歉。这不丢人，况且孩子会很乐意原谅你。当你这样做的时候，孩子就会学习到，生气不可怕，重要的是知道如何应对。

爱孩子，从管理自己的情绪开始。不要让你为孩子付出一切的爱，毁在了你的乱发脾气上。

给孩子更有弹性的规则

不论你是否在意，生活中总是存在各种规则。回忆我们的过往经历，会发现每个家庭都有自己的家庭规则，这些规则伴随着我们的成长。比如，“小孩子不能生气”“男孩子不能哭”“女孩子要矜持”“对父母要诚实”“大人说话，小孩子不许插嘴”“大人要保护孩子”“不能吃陌生人的食物”……这些规则初衷是为了帮助孩子更好地成长，让孩子更好地学习如何与自己和周围的人相处。大多数情况下，我们会沿袭自己父辈留下的规则，也会自己制订一些新的家庭规则。但是，这些规则作用于我们的生活，保护我们的同时也在限制我们。

规则本身并不会限制孩子

小雅的妈妈要求她不可以生气或发脾气，当小雅忍不住生气或是发脾气之后，她就会非常内疚。这种矛盾的心情一直伴随着小雅的成长，她从未接纳过自己也会有负面情绪这个事实。

梅梅的妈妈要求她每天睡觉前都要完成当天的事情。正常情况下，这当然很好，可是当梅梅生病时还要做完功课，这让她很难受，但如果她不做就会很内疚。

你看，当妈妈告诉一个孩子“绝对要怎么做”或者“绝对不可以做什么”时，孩子反而想破坏规则，但是破坏后他会内疚，会选择说谎来隐藏事实，或者会变得很叛逆。

这些无论什么情况下都一定要遵守的规则，常常忽略了孩子作为个体的感受，容易导致孩子压抑甚至忽视自己的感受。

当小雅妈妈告诉小雅不能生气的时候，小雅会很认真地对待，从而学会了一直压抑自己的情绪。虽然这个规则可以使小雅看上去很平和，但这些情绪并不会消失，小雅的身体里一直有生气的情绪，直到有一天无法承受，就会爆发或者在生理、心理层面上生病。成年后的小雅，可能很难接纳自己生气，也没办法在一段关系中分享自己，建立真正的亲密关系。

而梅梅妈妈要求她每天都完成自己的事，这能帮梅梅建立好的行为习惯，但是，如果是在任何情况下都要如此的话，梅梅就会感觉自己被控制了，就会出现很叛逆的行为。

> 规则的本意是保护孩子成长，同时它也包含父母的爱和美好愿望。

当然，家庭中的每一条规则都有它存在的好处。比如，“小孩子不要总哭”，这可能是因为父母希望孩子每天都快快乐乐的，不要受到伤害；“男孩子要勇敢，女孩子要坐有坐相”，这可能是父母希望孩子拥有符合社会规则的个人魅力……这些规则是父母想让孩子健康成长和保护孩子免受伤害的方式。

在养育子女的过程中需要有规则，同时，在社会生活中也会有规则。规则本身并不会限制孩子，但是，为什么有时规则会起到不好的作用呢？这是因为我们在实施规则时太过绝对，而起到相反的作用。比如：

“不要生气”本意是想让孩子快乐，但却易被解读为“我应该快乐”或者“我永远不能生气”；

“不许顶嘴”的目的是为了孩子更好地倾听，却暗示孩子要绝对服从，不能自由地表达；

“不可以撒谎”的目的是为了让孩子更诚实，却表达了对孩子的不信任，而忽略了孩子说谎的原因；

……

识别僵化的家庭规则

要让规则更好地帮助孩子成长，父母要识别所坚持的规则里有哪些是僵化不合理的，或者对于当下的生活已经是不合适的。

你可以邀请孩子一起坐下来，找出家里的规则，先不用讨论规则是否被遵守了或者是否正确，只是先记下来。然后每个家庭成员发言，讲出对每一条规则的理解，看看大家的理解是否一致。这个过程可以帮你发现规则执行过程中存在的认识上的误差。当你让所有人都对规则有了充分认识后，就可以去看看这些存在的规则是否对于当下的生活是适合的。你可以问一下自己，这些规则是如何对你们全家人现在的生活有所帮助的，或者有没有阻碍你们现在的生活。

一般来讲，僵化的家庭规则常常会包含“应该”“总是”“永远”“绝对”等描述，它不随着时间和当前现实情况的变化而变化。这些规则是不人性的，但孩子和我们一样，都是普通的人，没有什么是我们永远都可以做到的。

> 当我们告诉孩子“总是”或者“永远不”的时候，孩子的生命就会变得非常受限制，就好像用绳索把一个人捆绑了起来。

成长性地转化不适宜的规则

当你识别了不适用的家庭规则，并不意味着你要立马抛弃它，那样的话，我们就又走到了另一个极端，不过，你可以进行转化。不论是什么样的规则，只要是存在的，就在一定程度上帮助过我们，只是它们也许不适应当前的生活了。

你可以选择去掉僵化的部分，允许规则更有弹性地存在。重要的是你要让孩子知道，在所处的情境下，他是可以有选择的，有时候破坏或者不执行规则也是有可能的。

如何更有成长性地去转化那些不适宜的规则呢？

转化僵化规则三步法

转化并不是要完全抛弃，只是要更多一些好奇，允许自己去看看有没有新的选择和新的可能性。你可以通过以下步骤进行僵化规则的转化：

第一步 用更有弹性、更具有主动选择性的“可以”代替僵化的“应该”和“必须”。比如，“我应该永远不愤怒”可以变为“我可以永远不愤怒”。

第二步 用“有时候”代替“总是”“绝对”“一直”。比如，“我可以永远不愤怒”进一步变为“我可以有时候不愤怒”或者“我可以有时候愤怒”。

第三步 试着给自己3个或以上的选择，即想想有没有3个或以上的可能性。比如，当我的权利被损害时，我可以愤怒；当我感到被别人侵犯的时候，我可以愤怒；当我感到被我爱的人严重忽视的时候，我可以愤怒。

为什么会是3个选择呢？因为如果只有一个选择，其实是被迫的，而如果只有两个选择，那么你一定是处于两难的境地，只有当你拥有3个或者以上的选择时，才可以真正进行选择。比如，在你们家有一条规则是“家人之间应该永远分享彼此的感受”，可以转化为“家人之间可以有时候分享彼此的感受”。如果给出3个选择：

- 当我确信分享安全时，我可以分享我的感受。
- 当我想要让对方更多了解我的时候，我可以分享我的感受。
- 当我认为我需要分享的时候，我可以分享我的感受。

在转化了规则之后，你可以体会不同规则带给你的感受，看看是不是觉得更轻松了。当然，对于一直遵守规则的人来说，要在现实中去应用转化之后的规则还是很困难的，比如，你一直遵循的是“永远不可以愤怒”，当你愤怒的时候，你要试着去觉察，并允许自己可以愤怒，相信愤怒是你拥有的一种正常的情绪，这样，你才会给自己松绑，而不是被规则束缚。

当你可以对自己这样做时，你也会给孩子更多的选择，而不是被那么多的“应该”“永远”“绝对”所捆绑，孩子也会生活得更有弹性。

示范更好的沟通

很多父母对孩子倾注了很多爱，什么都为孩子考虑，可孩子似乎总是与父母对着干。问题到底出在哪儿呢？父母与孩子为何如此疏远？

其实，这都是亲子沟通出现了问题。沟通模式不仅影响亲子关系，更关系到我们成年之后的人际关系。回想我们自己的经历，就会发现，我们一旦来到这个世界上，就在不断地与人沟通，沟通能力决定了人际关系和生活状况。但是，所有的沟通模式都是后天学来的，刚出生的婴儿没有与人接触的经验，随着不断长大，他逐渐获得很多与别人沟通的经验，学会如何与人沟通，也形成对自己的认知。

你也许会好奇，孩子一出生，离开了父母就不能存活，小时候总是黏着父母，为何越长大越远离呢？为了安慰自己，很多父母说，孩子长大了都这样。长大了就不愿跟父母沟通了，事实真的是这样吗？其实不尽然。

细想就会发现，虽然他们不愿与父母沟通交流，但是在面对好朋友时总会有说不完的话，所以并不是孩子没有话可讲，也并不是因为他们长大了就不需要沟通了，而是我们的沟通模式出了问题。

让我们看看在沟通中，到底发生了什么。

沟通的五个层面

美国心理学家约翰·鲍威尔（John Powell）认为，按沟通的深度，可以将人与人之间的沟通分为以下几个层次。

第一层 一般性的交谈。也就是礼节性的沟通，就相当于我们常常见面说的“你好”“你是哪儿人”“你吃了吗”等。

第二层 陈述事实的沟通。只讲所看到的或者听到的客观事实，这无关对错，比如，“今天天气不错”。

第三层 分享个人的想法和判断。在这个层面，往往会出现差异，因为对同一个事物，你和我的看法可能完全不同，你能不能允许我和你是不同的，如果你认为“我们就应该是一样的”，那可能我们就不能聊下去了。

第四层 分享个人的感受。一般来讲，只有当一个人觉得很安全的时候，才会坦然地分享自己的感受，你知道当你讲出你的委屈或者难过等感受，我不会冷漠对待，不会看轻你，也不会嘲笑你，你才会愿意分享。

第五层 高峰式的沟通。在这个层面，我们的沟通是完全敞开的，只要我愿意，我就可以分享，不论是什么。如果你愿意与人进入这个层面，你会觉得这个人跟你很亲，除了拥有安全感，你还需要得到足够的接纳、尊重、肯定和欣赏。

回望刚刚出生的婴儿，他们是绝对敞开的，难过就会哭，高兴就会笑，想说什么就会跟你说，但在成长的过程中，如果孩子总是被打压，就会渐渐从沟通的第五层，一层一层退化，直到第一层，最后只剩下打招呼了。

沟通每时每刻都在发生，要与孩子保持好的沟通模式，父母就要走进孩子的内心，与孩子建立好的沟通。在沟通中，看到孩子的期待和需求，与孩子建立连接，给孩子带来他所需要的充足的心理营养，如接纳、关注、尊重、安全感和爱，给孩子的成长以足够的支持。

带着好奇，以接纳孩子为基础

如果孩子每次跟你聊天，都觉得自己特别不好，换作是我们自己，也不会愿意再同这个人聊天了。要让孩子敞开自己，就一定要让他觉得自己是被接纳的，是安全的，他所有的想法、感受、需要都是不会被打压的。

但我们特别容易活在自己的经验里，总觉得孩子应该怎样，不应该怎样，这让孩子越长大就越跟父母没法沟通，他觉得父母不能理解自己，不愿意跟父母说话。这是因为每个人都是希望被接纳、被认同、被尊重的。如果孩子从父母那里满足不了这些需要的话，他会远离父母到别的地方去获得这些需要。所以，沟通的基础是，你是真的尊重并接纳你的孩子。

当你的内在真的对孩子很接纳的时候，他就会感受到这种能量的传递。孩子都是很敏锐的，你在内心接纳的同时也会通过眼神、面部表情去表达对孩子的欣赏和尊重，这些都会让孩子觉得自己是安全的、被接纳的，他会更愿意与你有更深入的沟通。

沟通，运用的不只是语言信息

通常，我们以为沟通只是说话，其实不是，沟通包含了很多要素。在沟通中，我们带来了自己的身体，我们会呈现出自己不同的身体状况；我们还会带着自己的价值观、过去的经验；我们也会带来自己的感觉器官，会用眼睛看、用耳朵听；当然，我们还会带着自己说话的能力，语言和声音……

只需一个眼神、一个动作，敏感的孩子就知道你想要表达的是什么。所以你与孩子的沟通除语言之外，非语言沟通无时无刻不存在着，如何让沟通要素的各个部分都传递一致的信息就是一种挑战了。比如，如果你的脸上写满了痛苦，而口中却说“我现在感觉很开心”，那么，这时孩子收到的就是不一致的双重信息，会很困惑，你的真实状况到底是什么。

所以，父母与孩子沟通的基础是要真实，要真正接纳孩子，愿意去倾听孩子。比如，如果你的孩子在给你讲他今天发生的一件事，这时你心里特别不满意孩子的表现，但又不想说出口，你对孩子说“孩子，你做得很好”，这样的伪装孩子完全可以识破，而且时间长了，还会让孩子学会不真实。

不带指责地进行沟通，示范如何表达不同

沟通是为了表达，在沟通中如何表达自己的需要，同时不伤害到对方，是非常重要的。比如，当你正在处理一件紧急的事，孩子这个时候过来想让你陪他玩，这时，你会如何表达呢？

- “你没看我正忙着呢？你总是给我添乱！”
- “宝贝，我就陪你玩一小会儿，我还要处理那件事，好吗？”
- “这件事很着急，不能再拖了，人都要找点儿自己的事情做。”
- 妈妈看看孩子，又看看正在处理的事，径直走到另外一个房间。

这4种回应方式，你会选哪种呢？如果你是孩子，听到或看到妈妈这样的回应，你会感觉怎么样？对于妈妈来说，她只是想表达，我正在做一件重要的事，我需要一点儿自己的时间。但当她不会表达的时候，就会伤害孩子。

第一种回应，妈妈只想到自己和当下的状况，并没有考虑到孩子的需要，这种指责的方式会让孩子觉得自己是不好的。

第二种回应，妈妈只考虑到孩子和当下的状况，不想让孩子生气，可是忽略了自己。可能妈妈真的只需要几分钟就能把事情做完，这件事对她很重要，但是她又不能拒绝孩子，只能先满足孩子的需要，长期如此，妈妈心里就会积压很多不满的情绪，积累多了，就会爆发，转成对孩子的不满与指责。同时，如果父母总是把自己的所有需要都舍弃，也无法培养孩子关注其他人需要的能力。这样，孩子在与父母沟通的过程中，就没有学到人与人之间是需要互相理解和照顾的。

第三种回应，妈妈并没照顾到自己和他人，自己的感受和孩子的需要都被压抑了，只是客观地在表达一些观点、想法或者术语，就像电脑一样，只是在冷静地计算着。

第四种回应，妈妈避开正在做的事，也不管孩子，想做什么自己也搞不清楚。

其实，妈妈这时可以表达出自己的需要，同时，也不伤害孩子。比如，妈妈可以告诉孩子："我现在正在处理一件急事，我知道你想要我陪你玩，我只需要5分钟就能完成，5分钟后我陪你，好吗？"这样妈妈既能照顾好自己的需要，又能满足孩子，也让孩子学习到更好的沟通方式。

如果我们可以不断觉察我们的沟通模式，能够选择一致性的方式回应孩子，那么，我们就能与孩子建立好的沟通模式，同时，也让孩子学习到好的沟通模式。

做会玩的父母

对孩子来说，玩是非常容易的，就像哭、走路或者说话一样自然发生，这是孩子的天性，孩子可以用任何玩的游戏填满所有的空余时间，无论何时何地，游戏都可以发生。对于孩子来说，游戏就是生活的全部。

游戏不只是玩，更是探索和学习

游戏之所以让孩子着迷，不仅是因为游戏能让孩子大声笑出来，更因为游戏是他们学习的最主要方式。在游戏中，他们不断地探索和尝试，学习到各种技能，帮助他们更好地认识自己，也更好地适应社会。不同的游戏也会让他们有不同的收获。比如：

✦ 躲猫猫或捉迷藏游戏，可以帮助孩子学会处理分离焦虑。

✦ 画画、折纸，可以提高孩子的手部精细动作能力和手眼协调能力，还可以培养孩子的想象力和创造力。

✦ “过家家”等假扮游戏，可以让孩子在游戏中尝试各种家庭角色和社会角色。比如，他们在游戏中扮演母亲、父亲、医生、消防队员，学到了关于这些角色的知识，也了解了各种角色的行为规范。

✦各种棋类等竞技游戏，可以让孩子通过讨论沟通，学会建立规则，并且在游戏中学会遵守规则，以及体验规则带来的结果。

在游戏中，孩子会受挫、失败，也会体验到沮丧、焦虑、生气、难过、失落等各种情绪。但是，相比现实生活，孩子们只需要为游戏中的失误、犯错、失败付出微小的代价，就可以如同成人在现实生活中一样，学会如何解决问题。

在游戏中，更好地了解孩子

在游戏中，你能更好地了解孩子。平时孩子想要与你沟通时，他大多数时候可能只是哭闹，因为他还没有学会说：

“妈妈，我想学骑自行车，可我又有些害怕，我想和你谈谈我的烦恼。”

“妈妈，我想告诉你，我今天在幼儿园很想你，我过得很不好。”

“妈妈，今天我的好朋友一直不跟我玩，我好难过。”

对成人来说，用语言准确表达自己的感受都是很有挑战性的事情，更别说对语言能力还处于发展中的孩子了。但是，在游戏中，孩子可以更加充分地表达自己。

小宝从幼儿园回来，见到什么都想踢一脚，换鞋子的时候，把鞋子甩得老远，还粗鲁地把书包使劲儿往地上一扔。妈妈问他怎么了，他什么也不说。于是妈妈提议一起玩小汽车，小宝欣然同意了。他把所有的汽车围成一圈，并像赛车那样编上号。

妈妈问：“现在赛车手要做什么呢？”

小宝答：“他们要准备出去兜风。”

妈妈拿起2号小汽车，大喊“出发吧”，然后就冲了出去。

小宝见状也大喊起来：“不许乱跑，你还没有收拾好你的东西呢。”

妈妈问：“一定要收拾好吗？”

小宝说：“对，必须收拾好所有的玩具，才可以玩别的。我们都等着你呢。”

妈妈又拿起5号小汽车说：“我现在是5号车。他是什么样的？”

小宝回答：“他是最不听话的，总是不好好坐着，还总和别的小朋友说话。”

妈妈拿着5号小汽车，故意转来转去，还假装跟旁边的小汽车说话。

小宝马上对着5号小汽车说：“你怎么回事，跟你说过多少遍了，不要跟别的小朋友说话。”

妈妈故意往回一倒车，撞倒了旁边的小车。

小宝马上拿起5号小汽车，说：“看来你现在需要安静一会儿，这个游戏你就别参与了。”说完，就把5号小汽车放到远远的一个角落里了。

妈妈又问：“5号小汽车在那里会做什么？”

小宝说：“他会缩起来。”

妈妈再问：“为什么缩起来呢？”

小宝答："他不想别人看见自己。"

在这个案例中，妈妈看到了小宝在幼儿园经历的挫败、无助和羞愧。在游戏中，完全是由孩子主导，妈妈只是带着好奇，去跟随孩子的节奏，没有任何批评和讲道理，当孩子感受到这种放松之后，他就能够更加自由地表达自己。

想要了解孩子，别错失了在游戏中进行沟通的方式，在游戏中和孩子交流，孩子也会在游戏中不断地释放自己的情绪，表达自己的不满，并做出更好的选择。

会玩的父母，要让孩子成为游戏的主导者

允许孩子以自己的步调去探索，孩子是游戏的主导者，要玩什么，要怎么玩，都要由孩子说了算。哪怕他让你扮个小丑或者很怪诞的角色，也能让孩子在欢笑中释放他们的压力。但很多时候，父母却做得太多，比如：

妈妈蹲在地上和2岁的小明一起玩玩具汽车。小明刚把玩具车放到道路上，妈妈说："不行，那条路是禁止通行的。"小明不听，就是要放那儿，妈妈为了让小明理解禁行标志，说："你看，这里有个禁行标志，这个红色圆形的，里面再带个X，就是不能通行，汽车要走汽车才能走的道路……"

在妈妈的强行干预中，孩子的学习过程被干扰，让小明失去了游戏的兴趣，并丧失了想象的主动性。别忘了孩子才是游戏的主角，你可以在游戏中多多观察孩子，你才知道孩子的需要。

这也意味着你不能主导游戏，不能命令、建议、评论孩子如何游戏。在观察中，你要站在孩子的视角，去感受孩子的世界。对于成人来说，我们有很多固有的想法或者对世界的看法，比如，我们认为在地上打滚是很脏的，一遍遍把球扔到地上是很无聊的，趴在地上学小狗睡觉是很傻的，但这些行为对孩子来说都有其独特的意义。

如果你带着好奇去观察，你会发现，孩子在玩的时候会自言自语，会边玩边描述自己的行为或者说出自己想说的话，你也会了解到他的感受或者愿望。比如，当他在玩插孔玩具时，一开始他会拿起来就往孔里塞，但塞几次发现都不对时，他可能会很恼火，但大多数情况下孩子会停顿一下，然后换一种方式进行尝试。虽然很艰难，但他一直在坚持，在不断地尝试，你会发现他真的很有耐心。

会玩的父母，成为孩子游戏的支持者

虽然提倡让孩子做主，但不等于你什么也不做。聪明的你要把功夫花在游戏的设置和对孩子能力的了解上，要在适当的时候鼓励孩子去进行新的尝试。比如，挑选一些对孩子来说有挑战但又不是特别难的玩具或游戏任务。孩子在不同阶段会对不同的玩具感兴趣，你在选玩具时要想想孩子在这个阶段对什么感兴趣，或者这个玩具能教会孩子什么，比如，8个月的孩子可能喜欢各种小孔，那给他一个拨浪鼓就不适合了。

在游戏过程中，孩子也会需要你的支持，如果你能很好地跟随孩子，就会发现，孩子会清清楚楚地告诉你，他什么时候需要自己做主，什么时候需要你的帮助。一般来讲，在我出手相助之前，我会再跟孩子确认，目的是就做他需要我做的事，不超越他的界限去干扰他。尤其是对于很想自己做主的孩子，你做多了，反而会惹得他着急发脾气。

孩子总会有些新的想法，有些时候听上去不切实际。比如，孩子会指着一个连他都装不进去的纸箱子说“妈妈，我们今天晚上住在这个房子里吧”，或者“爸爸，我们爬到那棵树上去玩吧”。听到这些，你会想什么呢？你会如何回应孩子呢？大多数情况下，我们可能马上拒绝孩子，“不行”“不可以”“太危险”，其实，你可以先不拒绝孩子，而是有启发性地对孩子说：“好啊，我们来试试看。”或者“你这个主意挺有趣的，那我们要怎么做呢？”

当你不着急否定或者拒绝孩子，而是往前走一步，去帮助孩子实现这个想法，推动他去想一想要如何才能做到，经过这样思考之后，孩子就学会了如何面对问题并解决问题。或许最后，孩子放弃了最开始的想法，而有了新的想法，当然，你也可以在这个过程去体验如何以孩子的视角去发现这个世界的不同，说不定你也会有新的收获。

会玩的父母，要懂得在游戏中扮演弱者

作为父母，并不一定要时时处处都比孩子强。很多父母觉得自己一定要高高在上才会有权威，总是习惯指导孩子，或者在孩子遇到问题时急忙要出自己的建议，总想表现得比孩子聪明、强大，在游戏中总是赢过或者

超过孩子。在他们的观念里，绝对不能比孩子弱，也绝不能让孩子看到自己的脆弱。

其实，当我们愿意去呈现我们的脆弱，孩子就会学会如何去面对这些。比如，在我和孩子玩游戏的时候，有时我会输掉。然后我会说：“哎呀，祝贺你又赢了，我又输了，我好难过，不过我真的要想想下一轮我要怎么才能赢得比赛。”孩子会认真地回应说：“没关系，妈妈，相信你下一轮会赢的。”在这个过程中，孩子看到了父母在游戏中也是会输的，输赢是很正常的事，而输了会难过，但重要的是在输了的情况下可以做些什么。

扮演弱者还意味着你是可以犯错的。很多时候，我们总是找各种借口为自己辩解，因为我们相信“父母必须永远是正确的”。比如，很多孩子在玩游戏的过程中，会因为不断出错而产生极大的挫败感，但又不知道如何表达和面对，所以就常常哭闹或者故意破坏。

我和孩子搭积木，我好不容易搭起了一座高塔，在放最后一块积木时，我却把塔弄倒了。这时，我会说：“哎呀，好难过，我怎么又弄倒了呀，我想我一定是哪儿出错了。我想下次我的底座应该再牢固些。”然后进行下一次、再下一次时，我的积木塔还是倒了，我接着说：“我想我一定是最后一块积木选择不对，可是到底要选什么样的呢？”在这个过程中，孩子一直在看着我，虽然我是在自言自语，但其实，我是想让他知道我是怎么想的，又是怎么经历这个过程的，后来，他就会说：“妈妈，没关系，你再试试。”并帮我一起想办法。

当我们真实呈现如何面对我们的脆弱的时候，孩子就会学习到如何应对，他的内在就会吸收这些，当他面临同样问题的时候，他就知道要如何处理了。

第二章

建立爱的关系，给孩子爱的能力

爱孩子从什么时候开始呢

任何时候都不早，任何时候也不晚

每个孩子都是不同的个体

需要被不同地对待

但他们都需要足够的关注

按他们本来的样子接纳他们

这样，当他们有足够的安全感时

就会更快地适应环境

更好地去探索新的事物

爱孩子，要趁早

经历人生最复杂的历程，也可能会很辛苦，你终于迎来了和孩子见面的日子，这令人又紧张、又期待。孩子并不像我们常常读到的那样拥有细滑白嫩的肌肤，他的皮肤可能看起来皱巴巴的，或者有些粉红。

> 不论你第一眼看到的孩子是什么样，也不论你有什么样的感受，从现在开始，他就是你的孩子，你的角色也发生了变化，你的生活将变得不一样。这并不是一件很容易的事。

不论你第一眼看到的孩子是什么样，也不论你有什么样的感受，从现在开始，他就是你的孩子，你的角色也发生了变化，你的生活将变得不一样。这并不是一件很容易的事。

对这时的孩子来说，他是一个独立的人，需要被全然地接纳和无条件地给予。当然，对妈妈来说，当孩子在子宫里的时候，通过他的胎动，你就已经感受到他是一个独立的人了。

新手妈妈的大挑战

当你看着面前这个小人儿时，你可能会想，如果这个小孩子可以好好吃、好好睡、健康成长就好了。

新手妈妈面临的第一个大的挑战就是哺乳。从营养学的角度来讲，很多妈妈都知道初乳对孩子的健康非常重要，但喂母乳对孩子来说，绝不只是提供营养，也是妈妈和孩子建立情感关系的重要时刻。

第一次哺乳的经验每个人都会有所不同，有的孩子一放到妈妈胸前就知道要开始吮吸，有的孩子却不是如此；有的妈妈很快就会分泌乳汁，有的妈妈却不是如此……但妈妈心里要时时提醒自己，不要太紧张。就像照顾孩子的其他事情一样，你和孩子都是新手，都需要练习。

一般来讲，乳汁分泌多少与孩子吮吸多少成正比，同时，也与妈妈的情绪息息相关。除了咨询医生、吃些易下奶的食物，如果你可以放轻松些，笃定地相信自己，情况也许会随着你的放松好起来。

孩子在尽力表达他的需要

对孩子来说，如果妈妈放松下来，他也就能更快地体验到自己被满足的平静和未被满足时的不舒服。有的孩子吃奶后会很平静，他会花大量时间睡觉，而他不睡觉却也很平静的时刻同样重要；有的孩子会很难感到满足，他可能会很爱哭闹，即使吃过奶也并不立刻安静下来，这时尤其考验妈妈的耐心。经过不断磨合，你就会更了解你的孩子，知道他在什么时候会安静，什么时候会有需求，他处于什么状态……

以孩子什么时候该吃奶为例。小孩子出生时并没有带上一份说明书，明确写着每几小时需要喂一次奶。一般来说，定时喂奶对妈妈或者其他照看者很方便，但对孩子来说，这不是最好的选择，孩子只想在饿了或者想要吃奶时，能随时吃到奶。孩子生下来并不一定想有规律地吃奶，他可能希望体验想要吃奶时乳房就会出现，不吃奶时乳房就会消失的满足。妈妈可以在一开始根据孩子的需要进行喂养。你可以观察你的孩子如何表达他的需要。

你会发现，当孩子急切地想要吃奶时，他会发出不一样的声音，他不想吃奶时也会有不一样的表情，这都有助于你对孩子有更深入的了解。这些都是孩子诸多状态中的一种。他可能会先在你怀里玩一会儿再吃奶，也可能会抓着乳房，这些体验对他来说都是新鲜的。你也许会涨奶，会期待他赶快乖乖吃奶，他也许在确认抱着他的人是否安全，他到底可以尝试做些什么，然后才会放心地吃起奶来，如果你阻止他，也就阻止了他体验的机会。当你知道这个过程到底在发生什么，就会更好地利用喂奶时间建立更好的亲子关系。

孩子需要的不只是营养，更是爱的陪伴

我不赞同只有在喂奶时孩子才交给妈妈，因为这样做，妈妈错过了观察孩子吃过奶后转为平静或者睡着的机会，也看不见孩子醒来后四处张望的样子，妈妈看到的可能只是需要吃奶的急不可耐的孩子。对孩子来说，他也会觉得很奇怪，为什么这个人只在喂奶的时候才会出现。而事实上孩子需要妈妈陪在他身边。

从生理上来讲，哺乳可以提供给孩子营养，可以促进妈妈的身体恢复，这方面很多人都有直观的经验。而对于心理层面的影响，如果你愿意观察和体会，也可以知道其中的真相。如果孩子和妈妈可以正常进行哺乳，他们之间会彼此了解和信赖。妈妈甚至不需要哺乳技巧，孩子也不需要不断称体重，你和孩子都知道，你要分泌多少乳汁，孩子也知道要以什么速度喝下足够量的奶，什么时候该停下来。

妈妈可能会担心孩子是否吃饱了，但最自然的哺乳就是孩子想吃的时候就能吃到，不想吃的时候就可以停下，这是妈妈可以把握的基本原则。

只要你愿意尝试，你喂奶的动作会越来越娴熟，你知道用什么姿势抱起孩子，他会更舒服。孩子可能会伸出小手去碰触或者摸索乳房的皮肤，感受乳房的温度，并且哺乳的距离也是新生儿能看到的最有效距离，他能看到妈妈的脸，这时，你温柔的笑容以及更多丰富的面部表情会让孩子感受到妈妈对自己的爱和关注，这些都是宝宝建立安全感必不可少的因素。生命就是这样奇特，哺乳这个动作，就是孩子此时能活动的最大范围。

积极回应能更好地满足孩子

哺乳还会是你和宝宝交流的最好方式。新生儿能听到声音，但不能分辨出各种声响，也不知声音从何而来，是因为什么引起的。他们喜欢柔和、缓慢的声音，如果你仔细观察，会发现他们听到这样的声响时表现得更安静，并会面带微笑。还有一种声音是新生儿非常敏感的，那就是有节奏的声音，这可能与胎儿期他天天听到母亲有节律的心跳有关，有节奏的声音能带给新生儿一种安全感，所以，你可以将新生儿放在你的胸前。

而在孩子开始咿呀发语时，你可以与他轻声细语，或者也咿呀回应。宝宝有时会停止吸吮，口含乳头向母亲发出咿呀之语，你带着爱意与他的互动能促进他早期智力的发展，并且能让孩子觉得外面的世界是安全可信赖的，自己是被爱的。

要与孩子建立充满爱的关系，最大的阻碍莫过于妈妈的产后焦虑与抑郁情绪。

要与孩子建立充满爱的关系，最大的阻碍莫过于妈妈的产后焦虑与抑郁情绪。如果妈妈总是充满紧张、焦虑、内疚、害怕的情绪，孩子就不能感受到妈妈的爱与回应。所以，做个乐观快乐的妈妈是与孩子建立好的关系的第一步。当你可以适应作为母亲的角色时，就会更有耐心去倾听孩子的哭与笑，去了解孩子不同哭声所表达的意义。

从孩子出生开始，你就可以给孩子充分的爱与满足，让孩子建立起强大的安全感，乐观自信地走自己的人生路……

别再误解安全感了

没错，就像很多过来人所说的，你应该把家具的角都包起来，收起所有尖锐的物品。这样做可以让孩子免受很多意外伤害。不过，我在这里想说的“安全”，是另一种意义上的“安全”。

成年人希望在任何时候都能信任自己，在失恋或者工作、婚姻出现状况时，还能够相信自己是可以的，那我们就是安全的。可是这份信任从哪儿来呢？其实很简单，重要的是在我们还是个孩子的时候，是否能够在心里感觉到很安全。不要认为孩子小，他们什么都不知道。其实，虽然孩子年龄小，但他的感知却超乎想象的敏锐。如果孩子能得到一种安全的氛围，既有足够的爱，又不会有特别大的情绪起伏，那么孩子就会收获这份安全感。

但是，孩子什么样的表现才是没有安全感呢？

有妈妈说：“我的孩子1岁了，我走到哪儿他跟到哪儿，是不是没有安全感呀？”

也有妈妈说：“6个月的孩子为什么总是只让我抱？”

还有妈妈说：“我的孩子10个月了，总是玩一会儿就爬回来，往我身上黏，要我抱着，这是不是没有安全感呀？”

上面这些孩子的表现并不说明孩子没有安全感，而是很多妈妈对安全感有所误解。

安全感来源于依恋关系的建立。这一观念最早由英国心理学家约翰·鲍尔比（John Bowlby）提出，一般是指个体的人对某一特定个体的长久持续的情感联系，我们所讲的主要是婴儿与第一照看人（往往是妈妈）之间建立的情感连接状态。如果妈妈与孩子建立了安全的依恋关系，就可以给孩子带来更多的安全感。据研究发现，安全感不仅影响孩子的情绪发展，还会影响孩子的人格形成。我们都应该重视孩子安全依恋关系的建立，但关于安全感，却常常出现一些认知上的误区。

误区1：孩子黏妈妈，就是没有安全感的表现

你可能会认为孩子黏妈妈就是没有安全感的表现，但是，根据鲍尔比的研究，这恰恰是孩子在建立安全依恋的表现。孩子从出生开始，就在为分离做准备，因为终有一天他会离开妈妈去独自探索世界，另一方面，他需要不断地寻找面对陌生世界的力量源泉。那么，你在孩子成长过程中，就要做他坚实的“安全基地”。

就像上面讲到，6个月的孩子能认出熟悉的人，也会对陌生人显示出警觉的神情，他开始知道，你是他最亲近、最值得信任的人，所以他会只想让你抱。这时孩子容易出现分离焦虑，一般在15个月左右达到顶峰，他对妈妈的离开表示强烈抗议，会想办法让妈妈留下来，比如哭闹、跟随着妈妈、抱着妈妈不让离开，等等。

同时，从孩子会爬开始，他的活动范围就扩大了，但你如果仔细观察，会发现他爬出去一会儿就会爬回来，或者回头望望，看你还在没在，这时你只要在他回来时抱抱他，而当他想要离开，想去继续他的探索行为时，就让他去吧。也有可能，他会不断重复这一互动模式。这个阶段就是孩子形成依恋的阶段。

误区2：孩子安全感不强，全是妈妈的错

我发现，询问有关孩子安全感问题的大都是妈妈，而只要孩子有安全感不强的表现，也大都会被认为这是妈妈的错。但是，我要说，这并不全怪妈妈。

当然，依恋不是泛化的、指向所有人的反应，而是有特定对象的。它起源于父母尤其是妈妈和婴儿的关系，喂养时母亲与婴儿相处的方式决定着婴儿的依恋性质。依恋的形成更多源自于妈妈是否满足孩子的基本需求，妈妈越能够及时回应孩子的需求，孩子越容易形成安全型依恋。

> 依恋关系是双向的，妈妈和孩子在这个过程中会互为依恋。

依恋关系是双向的，妈妈和孩子在这个过程中会互为依恋。孩子自身的状态也会影响依恋关系的建立，比如最常见的例子，如果一个孩子容易哭闹且不易平静下来，那妈妈生气或者不理他也是很有可能的，这样会阻碍安全型依恋的形成。

另外，孩子的生活中不是只有妈妈，他生活在一个大的社会系统里，家庭环境、社会文化等都会影响孩子与妈妈的关系。比如，在一个家庭里，如果爸爸妈妈常常吵架，妈妈的情绪状态肯定好不了，这难免会影响母婴关系的建立。而在另一个家庭里，家庭氛围是冷漠、疏远、拒绝的，那生活在这样家庭的孩子会感到在需要时无法获得关爱，并因此认为人际关系是不可靠的，疏离感增强，产生不安全的依恋类型。

误区3：错过了2岁的安全感建立期，孩子就会永远没有安全感

有研究表明，安全型依恋的孩子比不安全型依恋的孩子更容易接触，情绪比较愉快，攻击性低，也更自信、独立，具有更强的社会适应能力和社会技能。安全型依恋的孩子更容易交到朋友。我国学者研究表明，安全型依恋的孩子在2岁时会产生更多复杂的探索行为，孩子对事物有积极的兴趣，会主动去探索，随着孩子年龄的增长，这种好奇心则直接影响幼儿解决问题的过程，使幼儿表现出更多的持久性和愉快感，有助于问题的解决。

安全感的重要性几乎让每对父母都非常在意，这本来是好事，但有的妈妈总为此发愁，因为常听到有人说，孩子安全感的形成在2岁前，如果错过了或者这时候没有建立安全的依恋关系，那孩子的人生就“完”了，这一生孩子都将会永远找寻他的安全感。这个说法虽然在某种程度上强调了安全感的重要性，但有些太夸张了。

孩子安全感的形成从出生开始，一般在3岁左右形成，在一定程度上是比较稳定的。国内有学者跟踪100多个孩子，发现他们1岁多与3岁多的依恋类型大多一致，不过这并不代表不会受之后养育行为的影响。

试想，如果一个孩子在3岁前得到充分的关爱和积极回应，但3岁后发生了家庭变故，父母离婚或者出现其他意外，亲子关系也可能出现变化。当然，如果3岁前妈妈陪伴得少，妈妈意识到后，就改变了自己的养育方式，那孩子是完全有可能在这以后建立安全的依恋关系的，只是你可能需要花更多的时间，接受孩子更多的试探和确认。

误区4：孩子要和妈妈寸步不离，才能建立安全感

当所有人都认为孩子只有和妈妈在一起才能建立安全感，对妈妈来说压力无疑是巨大的。

如果是需要上班的妈妈，孩子岂不是就一定不会有充分的安全感了？我们一起假设，有一个10个月大的孩子，他的妈妈要在上班前把他交给其他照看者，通常是老人或者保姆来照看他，但是老人或者其他照看者是孩子所熟悉的，并且能像妈妈一样及时回应孩子的需要，而妈妈不会偷偷离开，会在离开时跟孩子告别，也会在固定的下班时间来陪伴他，那这个孩子就会通过这些经验，建立与照看者的亲密关系，这也会弥补妈妈陪伴少带来的不利影响。

早前对于依恋的研究大多是母子间的，而现在的研究发生了变化，开始关注男性在养育孩子时起到的作用，包括是否能很好地支持孩子，是否能及时回应孩子。就依恋关系的建立而言，母亲不是孩子唯一的来源。比如，有的孩子可能只能与父亲生活，那么对这个孩子来说，父亲就是他的主要依恋对象了。了解了安全感，从现在开始，做安全的父母，就会让孩子获得足够的安全感。

你的孩子需要不一样的对待

孩子安全感不足，在情感和社会性方面会表现得比较退缩，会表现出更多的敌意和攻击行为，更容易被同伴排斥。你肯定很想知道，自己孩子的安全感到底够不够？你可以放心的是，一般来讲，大多数孩子都是有安全感的，不安全型依恋也是有不同表现的，有针对性地观察孩子的依恋表现会帮助你找到更恰当的应对。

美国心理学家玛丽·爱因斯沃斯（Mary Ainsworth）创造性地设计了“陌生情境实验”，以测量母子之间的依恋强度。在实验中，妈妈和12个月大的孩子一起进入陌生的房间，孩子自由地玩耍。随后，一位陌生人进入房间，妈妈离开房间。最后，陌生人离开房间，妈妈返回房间。在这一系列的离开和重聚的情境变换中，妈妈两次离开房间及两次返回房间与孩子重聚。孩子的反应变化很大，根据这些反应，将孩子与妈妈之间的依恋分为安全型依恋、回避型依恋和拒绝型依恋。

在实验中发现，拥有安全型依恋的孩子与妈妈在一起时能愉快地玩游戏，很好地适应新环境，并能独立地探索周围环境，但在玩的过程中会用眼睛找寻妈妈，会时不时对妈妈笑一笑。当妈妈离开时，孩子虽然会表现出不同程度的不安，探索行为会受到影响，但是，当妈妈回来时，孩子会立即与妈妈亲近，比如抱抱，得到安慰后，会继续游戏。回避型依恋的孩子不会主动与妈妈亲近，当妈妈离开时似乎也不会感到不安。当妈妈回来后，会表现出对妈妈的回避，看上去似乎对妈妈的行为漠不关心。拒绝型依恋的孩子，会对妈妈同时表现出积极和消极的反应，最开始，孩子似乎看上去非常焦虑，不愿意与妈妈分离，会紧紧地黏在妈妈身边，很难去探索新环境。在妈妈离开时，会表现得很悲伤。可是当妈妈返回时又会表现出矛盾的状态，比如寻求与妈妈的亲密接触，但又会生气地踢打妈妈，表现抗拒，很难安抚。

如何更好地识别不安全依恋的类型？我们一起来看下面的案例：

回避型依恋

妈妈带俊俊去同事家玩。妈妈和同事想一起去超市，托同事的老公照顾俊俊一会儿。妈妈对俊俊说："俊俊，妈妈去一下超市，很快就回来。"俊俊抱着洋娃娃点点头，没说话。妈妈回来的时候，俊俊正在听叔叔讲故事。妈妈说："俊俊，妈妈回来了。"俊俊回头看了看妈妈，接着听故事。

此类型的宝宝与妈妈之间是回避型依恋。表现为妈妈在不在身边对宝宝的影响不大。妈妈离开，宝宝没有表现出不安或者焦虑；妈妈回来后，宝宝也不大理会，有的时候可能表示欢迎，但接近一下就离开。宝宝与妈妈没有形成密切的依恋关系。

养育回避型依恋宝宝的建议：正确关注宝宝的需求

妈妈要及时满足宝宝的合理需求，包括吃饭和玩耍。妈妈要满足宝宝进食的需要，并且为宝宝吃饭营造轻松、愉快的气氛，不要强迫宝宝进食；对宝宝合理的玩耍要求给予充分、热情的支持，与宝宝一同游戏的时候，同宝宝愉快、积极地交流，让宝宝体会到妈妈对他的爱和关注。

妈妈要减少唠叨。有些妈妈对宝宝极度保护，大事小事一手包办，从穿衣、吃饭到游戏——“点点，你怎么没有把袖子放下来？”“宝宝，不要吃手。”“壮壮，你怎么能玩洋娃娃？”……妈妈一直对宝宝唠唠叨叨，以致宝宝对妈妈的话无动于衷，甚至妈妈抱着宝宝说教的时候，宝宝呈睡眠状态。妈妈可以采用表扬多于说教的方式，让宝宝获得更多自信。

妈妈还要关注宝宝的意愿。现在社会竞争越来越激烈，父母将更多的关注和期望放在宝宝身上，从小就开始塑造完美宝宝，打造精英宝宝，将自己的愿望强加在宝宝身上，希望宝宝能加以实现，较少顾及宝宝的能力以及宝宝自己的想法，这样造成宝宝与妈妈的疏离。妈妈要更多从宝宝自身出发，了解宝宝的兴趣爱好，切合实际支持宝宝的成长。

抗拒型依恋

妈妈和俏俏在阿姨家。妈妈临时要出去，俏俏看到妈妈出门，立马丢下玩具，跑到门口大哭。妈妈一再说马上回来，俏俏就是不听。在妈妈离开的这段时间，俏俏也不玩玩具，整个人很烦躁。妈妈回来后，抱起俏俏打算安慰她。俏俏扭着身子要下来，不让妈妈抱，甚至还生气地踢打妈妈。妈妈只好放下她，给她娃娃玩。她一边玩娃娃，一边回头看妈妈是不是还在。

这类型的宝宝和妈妈之间是抗拒型依恋。宝宝的行为看起来很矛盾，在新环境里会黏着妈妈，很难去探索新事物，妈妈离开时，会大哭大闹，并且表现得很烦躁。但是当妈妈回到身边，他又显得很矛盾。妈妈主动亲近他、抱着他时，他会生气地推开妈妈或者踢打妈妈。但是他又会时时关注妈妈，看看妈妈还在不在。

养育抗拒型依恋宝宝的建议：给孩子一致的回应

正确理解宝宝的需要。妈妈很爱宝宝，但由于育儿经验少的原因，对宝宝的各种需求不一定能正确理解。孩子哭了，妈妈不知道宝宝是饿了、尿布湿了，还是身体不舒服了，对宝宝给予的信息常常理解错误，不能及时满足宝宝的需要。妈妈要时刻对宝宝充满爱心和关心，在与宝宝的亲密接触中敏感、及时地捕捉宝宝所传达的信息，在宝宝需要时，给予一致的回应，使宝宝获得足够的安全感。

保证自己情绪的稳定。妈妈对宝宝的情绪也强烈影响着母子之间的依恋关系。如果妈妈对宝宝照顾不稳定，按照自己的情绪反应来照顾宝宝，一时热情、一时冷淡，会导致宝宝对妈妈的安慰产生疑惑，不知道此时可不可以从妈妈那里得到关怀和抚慰。因此妈妈要保证自己情绪的稳定性，根据宝宝的需要来照顾宝宝，让宝宝对妈妈充满信心。

形成稳定的抚养关系。当下，越来越多的独生子女家庭中，祖父母或者外祖父母以及保姆阿姨的介入，不仅冲淡了宝宝与妈妈的依恋，而且冲撞了妈妈对宝宝的教养方式。抚养者以及抚养方式的变化都会引起宝宝的焦虑，使宝宝的依恋没有方向性。因此，尽可能让妈妈成为宝宝的第一抚养人，并且保证抚养方式的稳定、连贯和一致。如果妈妈要上班或者有其他原因，那也要给宝宝安排稳定的照看者，不要总是更换，最好能够和妈妈的照看方式保持一致。

混乱型依恋

妈妈工作很忙，找来阿姨照顾阳阳。妈妈去加班了，阳阳一开始哭闹，后来就安静了。妈妈回来看到阳阳很乖地坐着，就抱起他，阳阳缩在妈妈的怀里不看妈妈。妈妈说："阳阳亲亲妈妈。"阳阳不吭声，甚至很抗拒妈妈的话。妈妈只好放下阳阳让他自己玩。

这类型的宝宝与妈妈的依恋关系令人费解，与妈妈的分离或者团聚，宝宝的表现是很矛盾的。宝宝试图接近妈妈，但同时又不与妈妈进行亲密交流，会更多地表现害怕、恐惧、困惑等状态。妈妈对宝宝亲近，宝宝却没什么积极的反应。妈妈抚慰宝宝，宝宝要么继续无动于衷，要么就是很排斥。这种依恋关系的模式也是后来的研究者在爱因斯沃斯的研究上进行的拓展，与其他两种不安全依恋模式相比，这种依恋模式是最不安全的依恋。

养育混乱型依恋宝宝的建议：给宝宝更多的身体接触

幼儿通过与父母的身体接触来获得满足感。混乱型依恋的宝宝对妈妈的亲密无动于衷，大多情况下是因为平时与妈妈很少有亲密接触，妈妈对宝宝的亲吻和拥抱，可以使宝宝体会到妈妈对自己的重视和喜爱。

如果宝宝经常受到忽视，当宝宝与妈妈分离或者重聚时，宝宝的情绪和行为表现就会比较混乱。不管出于什么原因，只要能与宝宝在一起，一定要多与宝宝进行互动，多抚摩宝宝。更要引起注意的是，妈妈在自己的不同情绪状态下，要给宝宝一致的回应方式。

虽然有了不同的依恋类型给我们参照，但在育儿过程中，还是需要了解孩子的整体状况，包括家庭生活方式、孩子个体特点等，不能盲目地给孩子贴标签，而要有选择性地给孩子更好的养育。

年龄不同，孩子的安全感需求也不同

对于婴幼儿来讲，他们既有能力又很脆弱，需要妈妈或者其他照看者为他们提供持续且积极的回应，这样才能帮助他们更好地建立安全感。

从出生开始，积极回应孩子

在2个月的小满家里，小满躺在软软的毯子上，正在哭。此时，让他安心的声音传来了：“小满，妈妈听到你的声音了，我马上就来。”听到熟悉的声音，小满的哭声停了，他顿了一下，发现并没有人立即出现，他又哭了起来。

妈妈终于过来了。“你是不是尿湿裤子不舒服了，我帮你检查一下。”妈妈弯下腰，温柔地检查着小满的裤子，“没有尿呀，那你是想要什么呢？”妈妈边说边张开双臂，轻轻地抱起小满。小满渐渐停止了哭泣，妈妈抱起他走出卧室，坐在客厅沙发上。

在妈妈抱起小满时，他的身体紧绷，兴奋地挥舞着小胳膊，眼睛一直盯着妈妈的脸，当妈妈坐下来时，他疯狂地扭动身体，脸贴近妈妈胸部。“你是不是饿了呀，小满。”妈妈边说边掀开衣服，准备哺乳。小满努力去够乳头，嘴里发出哼哼唧唧的急切声音，当含住乳头时，他闭上眼睛，挥舞着紧握的小拳头，愉快地吮吸着。

“你是饿了，想要吃的了，是不是？”妈妈温和地看着怀里的小满。几分钟后，小满放松了下来，他停下吮吸，目不转睛地看着妈妈，并“啊、哦”地回应着，然后继续吮吸。过了一会儿，他伸出小手想要去抓妈妈，妈妈用手抚摩他的小手，小满马上抓住了妈妈的手指。妈妈温柔地看着他，并低头亲了亲小满的额头，说：“妈妈亲亲小满，妈妈喜欢小满。”这时，小满停了下来，他看着妈妈的嘴，然后露出了笑脸，妈妈也一直面带微笑地看着他，小满又依偎在妈妈怀里，继续吮吸，他的眼睛一直望着妈妈。

这是很常见的哺乳场景，这个过程中，妈妈和孩子有了亲密的互动和回应，正是在无数这样的场景里，孩子开始建立起安全感。

那孩子的安全感是从什么时候开始建立的呢？事实上，在孩子最初来到这个世界的那一刻起，他就在因我们的不同回应方式建立他的安全感。当孩子刚出生时，他离开妈妈温暖的子宫，来到这个陌生的世界，对于他来说，这是一种巨大的环境改变。因此，刚出生的孩子会感到不适应，如果这时妈妈能将新生儿抱在怀里，让他听听妈妈的心跳声，闻闻妈妈的味道，这些味道和声音能唤起他熟悉的感觉。新生儿更喜欢被襁褓包裹起来，尤其是在睡觉时，这会给孩子一种安全感。

在与孩子的日常互动中，成人尤其是妈妈对孩子需要的敏感性，妈妈稳定的情绪，以及和谐的夫妻关系都会影响孩子安全感的形成。同时，孩子自身的气质类型也通过影响妈妈的抚养态度进而影响安全感的建立。

有的孩子需要父母付出更多

宝儿妈觉得4个月的宝儿真是超级难带的孩子，总是大哭，尿了哭，饿了哭，抱着哭，放下还是哭。刚开始，妈妈还有耐心哄他，但宝儿总是哭很长时间，而且精力很旺盛，这让妈妈愁坏了。妈妈跟别人抱怨说：“这孩子不知怎么回事，不愿意让人抱，特别爱哭，家里有点儿动静就哭个不停，烦死人了。”后来，宝儿哭时，妈妈知道难哄好，就索性让他哭一会儿再说。

根据托马斯–切斯的气质三类型说，孩子分为容易型、迟缓型和困难型。后两种类型的孩子不喜欢密切的身体接触，易烦躁、易哭闹、不爱笑。宝儿的妈妈因为对孩子的气质不了解，只是理所当然地认为宝儿很难带，也不喜欢被抱着。当妈妈越来越冷漠地对待宝儿，会让宝儿认为妈妈不喜欢他，影响他安全感的建立。

对于像宝儿这样的孩子，妈妈要付出更大的耐心，给予更多的温暖与爱护。虽然他们形成稳定依恋时间较晚，但是以后同样能发展得很好。他们大都从出生起就不喜欢别人抱，情绪总是不好，在游戏中也不愉快，需要费很大的力气才能使他们接受安抚，且很难得到他们的正面反馈。在现实中，这样的孩子较少得到母亲的关爱、注意，与人交往的机会少，容易遭到成人的冷落，很难建立安全感。对于这样的孩子，其实需要母亲更多的爱，需要有一个超级敏感的妈妈，能正确地理解孩子发出的信号，并做出适当的回应。

有的孩子表达需求的方式更激烈

6个月的小西总是喜欢让妈妈抱着，只要一哭妈妈就会出现。但最近小西妈妈总是捧着手机低头忙碌着，小西开始哼哼了，妈妈并未抬头看她，小西只能小声哭，哭几声再顿一下，可是妈妈还是没有过来，小西急得哇哇大哭。小西觉得自己哭了很久，妈妈才出现，她非常害怕。妈妈急急地抱起小西，急急地轻摇着小西，想让小西安静下来。可小西还是一直哭，哭一会儿停了，妈妈想放下她，可只要一放下，小西又开始哭。这时，爸爸过来了，关切地问小西是不是生病了。

小西一直哭闹不停，一直要让妈妈抱着，一旦感觉到要被放下，就会更大声地哭闹，这种反常的行为让父母误以为小西生病了。可是这一切到底是因为什么呢?

当孩子有各种不舒服时，都会用哭来表达，初为父母时，可能并不会在孩子哭之前了解孩子的需要，但当孩子哭了，都会想要安抚宝宝。如果仔细观察会发现，孩子在哭之前已经发出一些信号给我们了，只是不易觉察到，只要多一些了解，我们就能更好地在孩子需要时给他生理或者心理的满足。就像小西，当妈妈没有像往常那样及时出现，就会让孩子觉得自己不被重视，不被喜欢，当她觉得父母不喜欢自己，担心父母会离开，就会影响安全感的形成。

妈妈要及时回应孩子的需要，比如喂奶、换尿布、哭了就抱等，只有当孩子觉得自己的需要得到及时的、可靠的、始终如一的、预料当中的满足时，孩子才会认为这个世界是安全的。妈妈越能敏锐地觉察出这些心理信号并及时给予满足，孩子形成安全型依恋的可能性就越大。

除此以外，妈妈还要多与孩子互动，比如模仿他的动作、声音和表情，多和他说话，和他做游戏，让孩子获得一种愉快的感受；在孩子需要的时候给他拥抱和安慰，给孩子一种归属感和信任感。这些都有助于孩子安全感的形成。

成人应该经常关心孩子在做什么，了解他的愿望和要求，如当孩子哭时，抚养者能迅速根据哭声做出判断，孩子是饿了、尿布湿了，还是想要与人交流，从而采取恰当的行动给予反应。孩子的啼哭、吸吮、喊叫、笑、抓握、咿呀学语、身体接近、偎依、跟随、话语都是他的需求表达，你要对此有所反应，更高的要求是根据当时当地的具体情境，理性地做出分析、判断，随后迅速做出适度的反应，如即时满足、延迟满足或不予满足。

孩子需要前后一致的回应

18个月的果果最近很苦恼，他不知道自己到底做错了什么，也不知道到底要如何做。妈妈下班回来，果果冲上去想像以前一样，得到妈妈一个大大的拥抱，可是妈妈却推开了他。为了讨好妈妈，吃饭的时候，果果特别抓起一把饭递到妈妈面前，“吃、吃”地冲着妈妈喊着，妈妈突然变得好凶，瞪着果果说：“你还吃不吃饭了，不吃别玩了。弄得哪儿都是，谁收拾呀。”果果吓坏了。

妈妈以前都是鼓励他玩的呀，说抓饭也是一种学习呢，今天到底发生什么了，妈妈为什么突然发火了？是不喜欢果果了吗？

当然不是，真实原因是妈妈在工作上出现了一个失误，最近都在为此发愁，所以很容易情绪失控。但孩子不是玩具，也不懂我们成人的回应方式背后的深层原因。如果我们在高兴的时候就很有耐心地哄他，不高兴就不理他，或者在同一件事情上有时的回应是高兴，有时候又很生气，孩子长期与这样的妈妈生活，就会感到无所适从，不知如何面对妈妈，影响安全感的形成。

对于2岁左右的孩子，他还不能理解我们情绪背后的复杂原因，但他可以从我们的面部表情、行为方式感知我们的情绪。如果孩子不知道我们的情绪因何而来，为了生存，他就会选择讨好的方式，这会让孩子认为自己很不好，长大之后，也易受别人情绪的影响。作为妈妈，我们要尽量保持稳定的情绪，要尊重孩子是一个独立的生命，不要将自己的情绪垃圾倒给还无力应对的孩子。

孩子需要了解真相

34个月的东东在玩积木，好不容易修好了一座房子，可是以前用过的那块可以当作红色窗户的积木怎么也找不到了，东东急得四处乱翻，所有的玩具筐都被他翻了个遍。

“不是说了让你准备睡觉别玩了吗，这一会儿工夫，你就把屋子弄得乱七八糟。”突然，妈妈出现在东东身后，冲东东怒吼道。

东东吓了一跳，愣在那里，看着妈妈，动也不动。

“一说你就发愣，快把玩具都收好。”妈妈说着用力推了一下东东。

东东吓得哇哇大哭。

这时，爸爸走过来了，在一旁不满地说：“都到睡觉点了，你大晚上好好的没事干吗招孩子哭呀。”妈妈听了这话，好像更生气了，开始和爸爸争执起来：“什么叫没事招孩子哭？如果没什么事的话，我干吗让他哭？这弄一地的玩具你收拾呀，跟你说过多少次了，我在教育孩子的时候，你不要随便插嘴！”

爸爸妈妈开始更大声地争吵了，东东吓得不敢哭了，也不敢动。他心里想：爸爸妈妈吵架，都是因为我不乖。吵得这么凶，是不是不爱我了？要不，为什么他们光顾着自己吵架，都不管我了呢？

对东东来说，父母就是他的整个世界，父母的互动模式也是他学习的榜样。而当父母发生冲突时，孩子会感到不安、恐惧和内疚，他会把父母吵架的原因归于自己不好。因此，良好的夫妻关系不仅影响孩子安全感的建立，还会影响孩子的人际关系。

要给孩子一个好的家庭环境，并不是说我们不可以有冲突、争执，只是不要当着孩子的面争吵。如果对养育方式有不同的意见，可以避开孩子进行沟通。如果一时没有管理好情绪，那么，一定要在吵完架后对孩子进行解释，告诉孩子："妈妈和爸爸吵架是因为我们的看法不同，我们没有找到更好的沟通方式，我们吵架与你无关，现在爸爸妈妈已经和好了。"这会让孩子学习到，父母只是遇到一些问题有争执，而不是他引起的。

当我们可以更好地满足孩子的需要，示范更好的沟通，也就更有可能培养具有安全感的孩子，孩子能相信自己，他知道，他的生活会面临各种困难和挑战，但他相信自己总是可以应对的。当孩子有足够的安全感时，他就会更快适应环境，并去探索新的事物。

给孩子需要的关注

打人、咬人、发脾气、哭泣和故意捣乱，很多时候，我们以为这是孩子存在的“问题”。

殊不知，这也许是孩子在表达他需要你的关注。

读懂孩子问题行为背后的需要

曾经，和一个朋友聊天，她5岁的女儿跑过来说：“妈妈，你看，我画的画好看吗？”过了一会儿，孩子举着断掉的笔喊道：“妈妈，我的笔坏了。”又过了一会儿，她抱着自己的书从妈妈身边挤过去又挤过来，并说：“我要去看书了。”

妈妈有些烦了，就说：“你自己玩一会儿吧。”

结果，这个小女孩把玩具都推到了地上，把书架上的书也都推到了地上。

通常，你可能会认为是这个孩子太淘气了。事实上，孩子并没有错。如果你也碰到过这样的场景，孩子总是在找各种理由接近你或者故意捣乱，那只是孩子在用他的行为引起你的关注。

所谓关注，就是你愿意花时间和精力去陪伴他，建立和孩子之间的情感连接。有效的关注传达的信息是：“你很重要。我喜欢跟你在一起。”这会让孩子觉得，对于你来说，他是世界上最重要的人，因为你全身心投入地爱他。

关注就如同孩子需要食物和水一样，所有的孩子都需要得到父母的关注，尤其是在意关系的孩子，他们对父母的关注非常敏感。如果孩子得到了父母的充分关注，他们大都会举止平和，能够关爱他人，会在意别人的感受，会积极地与父母配合，也会选择更积极的方式表达需要。但如果孩子确信自己没有得到足够关注时，他们会用自己的方式表达出来。比如，有一回我就遇到了这样的情形。当我在家里看一份着急的稿子时，儿子希希举着小车说：“妈妈，你看我这辆小车会自己开门。”我当时着急要完成手头的工作，他叫我时，我只是“嗯嗯”地糊弄着，后来，他说：“妈妈，你要再不理我，我就生气了。”然后就噘着嘴，很不高兴的样子。

你看，虽然当时我是和孩子在一起，但我并没有满足他的需要，并没有让他感受到我是真的与他全身心在一起的。这并不是他想要的。这种直接表达自己的需要是最好的方式。一般来说，孩子在一开始都会直接表达，但如果我们因此而骂他或者总是不回应他，那么，他们就会通过一些不当行为来引起关注。

6种最常见的引起父母关注的方式

方式1　表现得很讨好你

比如，给你拿水、拿吃的，或者主动收拾好自己的玩具。这时，你常常忽略孩子的真实想法，或者认为他这样做是应该的。其实，这时他想说的是：“妈妈，你看我做得多棒。你就看看我吧。”

方式2　影响你在做的事

比如，故意打断你的谈话；故意打扰你的工作；没完没了地问你各种问题；发出吵闹声或做出其他会引起你生气的行为，像故意敲桌子等。

方式3　故意做一些轻微违反你们约定的事

比如，在沙发上乱跳，把零食拿到床上去吃，把书架上的书撒一地，等等。也可能会表现出你平时最不喜欢的样子，就是我们常说的不让干吗偏干吗，比如弄乱房间，大些的孩子可能会故意做出懒洋洋的样子。他们的行为在说：“嘿，我在这里，我需要爱，我需要关注，否则，为了关注，我什么事都干得出来！”

方式4　让你为他服务

比如，平时自己吃饭，突然让你喂饭，或者让你擦屁股、提裤子等。也可能会制造一些突发事件，让你为他服务，比如把水弄洒到衣服上，让你来清理，或给他换衣服。

方式5　表现出很需要关注的情绪

常常是以往不会发生的事或者此刻很紧急的事。

例如：

害羞　“妈妈，你帮我去跟阿姨说，我不敢。”

恐惧　“妈妈，床底下有怪物，我害怕。”“那边有个小朋友要打我，我害怕。”

愤怒　“谁让你把酸奶打开的，我要没开盖的。”

方式6　生病

更糟的是，有的孩子可能会生病，因为有些父母只有在孩子身体不舒服的时候才会停下来去关注孩子。因此，有些孩子为了让父母陪在自己身边，或者可以给父母提要求，得到无微不至的照顾，会让自己生病，这完全是一种无意识的行为。

孩子会通过以上6种不当的方式来引起你的关注，其实是在确认你到底爱不爱他。如果你给予他关注，他会觉得自己是被爱的，他是值得你花时间去陪伴的。孩子是需要你给他一个专属时刻的，不论时间长短，只要跟孩子在一起。

你可以从以下方面去检查自己是否满足了孩子的需要。当你识别了孩子是在向你“要”关注，那你就可以用合适的方式去满足孩子。

关注孩子需要做到全身心的同在

很多时候，我们感觉到自己已经在尽力关注和陪伴孩子了，但孩子还是不领情。这是为什么呢？

在陪伴孩子时，要避免任何打扰，要记得放下手机，不要想着工作的事，也不要一边看电视一边陪孩子。如果你和孩子在一起时，总是做着别的事，你认为你是在陪孩子，但孩子是感受不到的，他需要和你有互动，或者与你有眼神交流。孩子是很善于通过你的语言、行为，甚至你的面部表情判断你是否与他同在。

> 如果我真的和孩子同在，自己情绪又很好，在陪伴和关注孩子时就会做得很好。但是如果我心里有事，孩子跑来找我的时候我就会很焦虑。

如果我真的和孩子同在，自己情绪又很好，在陪伴和关注孩子时就会做得很好。但是如果我心里有事，孩子跑来找我的时候我就会很焦虑。

比如我们家孩子喜欢汽车，在他3岁左右时，他会分给我一辆车，要求和他一起在地板上假装开车。这时，如果他发现我在看别的或做别的事情，他就会让我跟他玩很长时间，也不放我走，有时还会故意把车开到我的身上。

当然，这并不是说专注陪孩子就不考虑自己的感受，当你感觉累的时候，可以通过适当的方式让孩子知道你累了。只要妈妈满足了孩子的需要，孩子也会关注妈妈的需要。这也会让孩子知道不是什么事情都要以他为中心，妈妈也会疲惫，也有自己的需求。当你硬扛着的时候，你同样不能全身心地投入进去，孩子是能够感受得到的。

如果家里有两个孩子，也可以安排专门的时间分别和两个孩子相处，然后和不同的孩子做一些特别的事情，或者是跟孩子一起去做他喜欢做的事情。这样做，会让两个孩子都感觉到你对他的关注。

关注孩子的实质是把主导权给孩子

在你陪伴孩子的时候，你要让孩子主导，做孩子要求你做的事。如对游戏项目的选择，应该让孩子说了算，在游戏中，孩子有支配你的权利，最好让孩子扮演强壮有力的、聪明的、讨人喜爱的角色，你扮演可笑的、弱小无能的、笨拙的角色。要特别注意的是，管住你自己，不要去指导孩子怎么玩，也不要直接代替孩子玩。

此时，你也可以选择做你和孩子都喜欢的事情来享受属于你们的亲子时光。比如，讲故事是我和孩子都喜欢的事情，当我感觉累的时候，会选择给他讲故事。他有时会搬过来很多书，选一本让我讲。他喜欢汽车，还会让我编很多关于汽车的故事，这段时间内我们都很享受。

特别关注孩子适宜的行为

你可能常常忽视孩子那些正常良好的表现，比如，乖乖地一个人玩玩具、看书、把玩具放回玩具架等，而当孩子哭闹、大喊大叫或者捣乱的时候，才给予照顾和关心。如果总是这样的回应方式，孩子就会习惯用不良的情绪和行为来吸引你的注意，这样的孩子长大后会比较情绪化，以夸大的方式表达情绪，用摔东西、打人来表达愤怒，或沉溺于某种情绪不能自拔，比如失恋后长久的悲伤。

最恰当的做法是多关注孩子那些适宜的行为，忽略孩子不适宜的行为（威胁到孩子的安全、破坏财产或者伤害别人身体的行为除外）。同时，要通过身体接触、眼神、话语等，对孩子积极的、良好的行为给予高度关注，表达你的肯定、赞许和兴趣。当你这样做时，孩子会更愿意把事情做好。同时，这样也能与孩子建立情感连接，让他知道你是真的爱他。

先关注孩子的情绪，再处理问题

如果孩子在用一些不当的行为引起你的关注，比如他把玩具撒了一地，还生气地把搭的积木房子都推倒了。你可能会很着急，希望能在短时间内把所有东西都收拾好；也可能你看到满地积木，早已火冒三丈了。这时，你会怎么做呢？

✦ 方式1：阻止孩子不好的行为，说“积木不是用来踢的，搭积木要耐心一些”。

✦ 方式2：帮孩子把积木收起来，问他要拼什么样的，和他一起拼。

看起来，以上两种方式都需要你极大的耐心，但实际上以上两种回应方式都是不恰当的。可能你的选择会让孩子停止哭闹，但他内心的需要仍然没有得到满足。

你要先关注孩子的情绪，再处理问题。比如，你可以搂着孩子说：“妈妈看到你推倒了积木，你很生气，是吗？”孩子可能会回应，也可能会不说话停下来。你可以继续描述你所看到的，孩子在与你的互动中，释放了自己的情绪，也会表达出自己的需要。当你觉得孩子平静下来了，他可能就会主动要求与你一起做些什么，你可以问他：“你需要妈妈做些什么呢？”或者“接下来，咱们一起做些什么呢？”

爱的自我内省

在以往，你是如何回应孩子的需要的？

在以后，你又会如何更好地关注孩子的意愿？

当你有需要时，你会如何提出？

无条件接纳，让孩子看见闪光的自己

你爱孩子，是因为他本身，还是因为他有了好的表现，或者取得了好的成绩？只有你接纳了孩子原本的样子，孩子才会接纳真实的他自己。

> 在一次妈妈成长工作坊里，小丽分享说，她觉得自己在面对新工作时，总认为自己不能胜任，也没有太多朋友，平时总是形单影只，因为她总觉得别人在挑剔她。在她小时候，她的妈妈总是批评她，无论她怎么努力，做什么都不对。

现在的小丽在外人眼里已经非常出色了，但她为什么看不见那个闪光的自己，甚至觉得自己一文不值呢？答案就是她从小没有被无条件地接纳。

一个人只有能接纳自己，才能感到自己存在的重要性，也才会认为自己是有价值的，会觉得世界因自己的存在而更加美好。反之，则会产生更多的自卑和无价值感，也总是看到别人身上的不足。一个人只有能对自己无条件接纳，才能无条件接纳孩子和其他人。

无条件的接纳是基于你的孩子或者你自己原本的样子，不论有怎样的行为和想法。被这样对待的孩子会更有安全感，也更愿意敞开自己，并积极响应父母。

而有条件的接纳就是要有一个标准，要有一个行为，比如孩子听话了，达到要求了，表现很优秀了，才会被接纳。因此一旦他的表现达不到你的要求，他就会感到不安全。你这样做会让孩子不愿意与你沟通，也不会信任你。

给予孩子无条件的接纳，特别是来自父母和他心目中最重要的人的接纳，对孩子的成长来说非常重要。

给予孩子无条件的接纳，特别是来自父母和他心目中最重要的人的接纳，对孩子的成长来说非常重要。就像上面的小丽的故事，如果总是有人对孩子说这也不对，那也不对，那孩子会得出这样的结论："我是没用的！我是不好的！我是不中用的！"

搞清楚要接纳的是什么

如果你的孩子说："我明天要打死小明。"你也许会疑惑，我们提倡要接纳孩子，现在他要去打死人，也不干涉而任由他吗？显然不是，我们接纳的不是行为，而是人。更具体地说，是行为背后的更深层的原因，去看看孩子心里到底是因为什么才这样说。

如果你能做到无条件接纳孩子，那一定是相信孩子的。不然，你的第一反应是，打死人，这不管还了得。你可能会说：“你想要打死小明的想法是不对的。”如果孩子还是气呼呼地说：“我就是要打死他，我就是要欺负他。”几个回合下来，把你惹急了，为了让孩子长记性，你也许还会打他一顿，但你却错失了了解他内心想法的机会。

如果你能透过孩子的语言，接纳他愤怒的情绪，然后想一想：孩子到底怎么了，他和小明到底发生了什么事让他这样愤怒？你可能会跟孩子聊一聊，听听他的故事。

了解孩子在每个阶段的特点

根据心理学家艾力克·埃里克森（Erik Erikson）的理论，所有的人一生中会经历8个阶段，其中早期成长包括以下阶段：

从出生到2岁的孩子要经历“依赖”的阶段。

在孩子刚出生的时候，他认为这个世界是陌生的、冰冷的，他需要父母的关爱才能活下去，但这时你看到的孩子可能并不可爱，也许皮肤皱皱的，也不会讲话，只会哇哇地哭。你也不知道他将来会成为什么样的人——会不会有好的学习成绩？会不会对你很孝顺？会不会很听话？会不会长得很好看？但这时你都会尽你所能去满足他、照顾他，这就是无条件接纳。当父母无条件地接纳这个生命的时候，孩子会感到这个世界是安全的，是值得信任的。

> 当父母无条件地接纳这个生命的时候，孩子会感到这个世界是安全的，是值得信任的。

接着，孩子开始进入了“自主”阶段，2岁左右的孩子自我意识最突显。比如，他会总是说“不”或者“我！我的！”。这时，他意识到自己是一个独立的个体，他也有了更大的活动范围，对这个世界充满了好奇，有更多的能力去探索世界。

一个蹒跚学步的孩子，正跌跌撞撞地走向桌子，去拿一个有着漂亮图案的玻璃杯。刚伸出手，妈妈叫道：“不许动杯子。”同时伸手阻止了孩子。

孩子被妈妈拉到房间玩积木，他发现积木与地板接触会发出很响亮的声音。于是他拿起一块积木不停地敲向地板，妈妈赶紧说：“快放下，积木不是这样玩的。”

这个阶段的孩子，还不知道哪些行为是危险、有破坏性的。一味地阻止常常让孩子感到羞耻，又会让孩子的自主性受到限制，不敢去探索世界。而如果妈妈一味地纵容，又会让孩子不知道这个世界的运作规则，不了解社会的界限和危险。

因此，你要接纳这个阶段的孩子就是需要不断地探索，只要对孩子的生命、健康没有威胁且不危害他人的利益，又不会造成破坏性后果的事情，妈妈最好尽可能地给孩子自由，允许他自我探索的行为。而如果需要阻止，那也要对事不对人。尽量避免“再动，就不是好孩子，妈妈不喜欢你了”这样的语言，要让孩子感受到尽管自己做错了，还是值得爱的，只是那个行为是不允许的。

再接着，孩子进入“主动期”，差不多在3～6岁。他们会表现出更多的探索欲，有了自我的想法和主张。如果想法总是被拒绝，孩子就会慢慢地对自己失去信心，如果这时你能接纳他去做一些他想做的事，并不断鼓励他，那么孩子就会发展出主动性，成为有责任感、有创造力的人。

5岁的小妞非要穿裙子去上幼儿园，妈妈不同意，因为现在是冬天。可是小妞拒绝穿别的衣服，还哭闹着不肯去幼儿园。妈妈很生气，不明白这个孩子为什么这么不听话。对于小妞来说，她不明白为什么妈妈坚持不准她穿裙子，为什么不能理解自己。——我就是喜欢裙子，冬天为什么就不能穿呢？我不怕冷。

无论孩子的想法在你看来有多不可思议，妈妈都要接纳和尊重。

首先，不要嘲笑孩子。

其次，如果可以给予支持和鼓励，就尽量允许孩子自己去尝试。如果会有不好的后果，妈妈要肯定孩子想法背后积极的意义，肯定他的想象力、胆量、勇气、努力等优良的品质，再告诉他为什么不可以做。

在可能的情况下，给孩子自己找到生活答案的机会是最好的。

如何检查是否做到了无条件接纳

随着孩子渐渐长大，我们开始有了比较，对他有了期待，要真正做到无条件接纳就很难了。我们可以从这些方向去检查自己是否做到了无条件接纳：

无条件接纳的3个觉察方向

方向1　当孩子做错事的时候

你可以回看自己每天的行为，比如，你吃饭时打破了碗，或者你在工作中犯了一个很低级的错误，这时你会如何看待自己。你会对自己说“你真笨”，还是会说“我知道，你也很想做好，没关系，我相信你会在错误中学习”？即在做错事或者失败时，检查自己会不会对人进行负面评价，你是否还能够接纳这个人。

方向2　当孩子有情绪的时候

比如，当孩子在伤心地哭泣，你是否会对他说“我看到你在哭，你看起来很难过”，而不是责备他“怎么总是哭哭啼啼的”。

方向3　当期待未被满足的时候

你对自己或者孩子都有很多的期待，但不是所有的都能满足，所以，看看你是否能接纳目前这个期待就是不能被满足。比如，你一直都是晚睡晚起，但你希望自己每天都能晚上10点睡觉，早上6点起床，不过你一时还做不到。没关系，接纳此时你还不能做到，但你会继续努力。

如果你可以做到以上几点，孩子就知道自己是被你无条件接纳的。当然，对你自己，也是一样的。练习接纳最好的开始，就是从我们自己做起，时时去检查自己的想法和行为。

接纳并不意味着你什么也不需要做

每个孩子都独一无二的，有的孩子会活跃一些，有的孩子会安静一些，我们接纳孩子原本的样子，不去强迫孩子，但我们可以增加一些新的可能性，尝试一些新的做法。

比如，如果你发现你4岁的孩子总是在观望别的小朋友玩游戏，你试过鼓励他、邀请他都不能改变他，于是，你试试能不能接纳。那这时候，你是真的什么也不要做吗？观望，是孩子的一个行为，那原因是什么呢？透过他的行为，我们可以了解什么呢？也许，孩子还没有做好准备，对于新的环境和陌生的小伙伴，他需要一个适应期；也许，孩子只是不知道如何加入小朋友的游戏，他需要学习一些社交的技巧。你看，当我们接纳了孩子现在处于观望的状态，就不会着急地去催促他，而是开始采取行动转化、帮助孩子。

接纳，不等于什么都不做。真的什么也不做的父母，可能并没有真正接纳孩子的状态，并没有看到孩子的需要，而只是任其发展。

爱的自我内省

你在什么时候会接纳孩子？

你自己有哪些独特性？

在你的成长过程中，谁会对你无条件接纳？

第三章

让孩子拥有高自我价值感

我是谁

我是不是被喜爱

是不是在任何时候，都能珍视自己

知道自己想要什么，并知道如何去实现

不害怕犯错，不因做错事而完全否定自己

也不因别人的错误惩罚自己

敢于尝试与挑战

相信自己可以不断学习、提升和改变

尊重自己，也能够尊重别人

这都与一个人的自我价值有关

帮孩子建立高自我价值感

就是让孩子获得自我认可的能力

给孩子面对未来的勇气

养出可爱且自爱的孩子

维吉尼亚·萨提亚女士说过，积极的自我概念（自尊），是人类生存的根本，是一个人想自由自在地生活的前提。对孩子来说，高自尊是帮助他应对问题的基石。

在希希2岁的某天，我看着正在吃饭的希希，发现从我坐的角度望去，他的额头，他的眼眉神情，跟我好像啊，当妈的不由好奇心萌发："希希，你像爸爸还是妈妈啊？"话一出口，就暗暗责备自己不可以这么问孩子。

"我是希希。"希希的回答完全出乎我的意料。

"我是问你，觉得长得像爸爸还是妈妈？"我不死心，再次重复我的问题。

"我就是我，我是希希。"他极其肯定，一点儿也不含糊地回答我。他回答的语气中那肯定的力量让我的好奇心顿时不见了，只得闭上嘴，静静地看着他。

我是谁？我喜欢自己吗？这是我们对自身价值的主观判断，是对自己整体状况的满意水平，即自我价值感。一个人的自我价值感并不是与生俱来的，而是在后天的成长环境中逐渐学习与塑造的。每个人都有自我价值感，可能是积极或消极的。

在成长的路上，我经历了无数次确定自我的过程，当我能清楚地认识到我是谁，我有什么，我要什么的时候，就会更从容淡定。对于养育孩子，如果我们知道他是独立的个体，就无须通过他来证明什么，也就不会去强迫他做我们想让他做的事情，而是更尊重他，倾听他的意愿。

假如一个孩子有比较高的自我价值感，他就会知道自己是很重要的，是被爱的，会相信自己的能力，也会珍爱自己，从而感受到生命的精彩。反之，孩子则会认为自己是没有价值的，就会感觉活着很痛苦，对生活失去兴趣。对于2岁的希希来说，他能清楚地知道自己是谁。我的羡慕与开心萦绕心间：羡慕的是他不用去顿悟也无须思考，就知道自己是谁；开心的是他的独立和对自己的认知，作为妈妈，与有荣焉。

我们通常很容易认为，一个人自我价值感高，是因为这个人足够优秀、很有地位，或者有很大的成就，其实不然。自我价值感的高低，主要源自感受到的爱的多少。不管一个人外在条件多么出色，只要他曾有严重的爱的缺失，那么他更有可能会严重自卑。相反，不管一个人看似多么平常，只要他感觉自己有充分的爱，那么他就会非常自信。

高自我价值感的孩子会有什么表现呢？

能更好地接纳、认可和喜欢自己

5岁的小美出门的时候忘了带跳绳，结果只能看着别人玩或者借别人的来玩。她对自己说："我今天又忘了带跳绳了，下回出门我要检查一下我的书包，记得带上我要带的东西。"小美没有因为自己忘记的事就责怪自己或者其他人。而低自我价值感的人一旦受挫，就会觉得自己是失败的，会认为"要不是我这么没用，这种倒霉事就不会发生在我身上了"。

高自我价值感的孩子会认为自己的存在是很有价值的，也会相信世界因为自己的存在而更加美好。他会以自己原本的样子喜爱自己，接纳自己所有的特质。他不会因为身体、行为、情绪或者别人的看法来影响对自己的看法。所以，他不会因为自己长得高或是矮、胖还是瘦、失去某个朋友、不被关注等而觉得自己很糟糕。他会爱自己原本的样子，不会因为没有拥有别人有的玩具，刚堆好的积木倒了之类的事而认为自己是非常糟糕的。

一个高自我价值感的人能够认识到自己的缺点，但他不会因此就挑剔自己或者惩罚自己，而是能够接纳自己的缺点，找到调整的方式。他承认自己会遇到问题，但所有的问题都是暂时的，都是有办法解决的。

不怕犯错，会在错误中学习

对于高自我价值感的孩子，他从不担心因为自己的不足，父母就会不喜欢自己，他也不会刻意表现得很乖巧来讨好父母。但是，他会积极地学习新的技能，尝试新的方式，特别是去选择一些有挑战性的任务。他不会刻意地隐藏自己的缺点，他知道他可以做出调整。

4岁的小月和小朋友一起搭积木，他的积木总是搭一半就倒掉。其他小朋友搭的都比他的高，但他在每次积木倒掉后都会说："不成功，重来。"他敢于一次又一次地尝试。

对于低自我价值感的孩子来说，他会生怕自己出错，会担心出错后失去父母的肯定和爱。低自我价值感的孩子相信只有自己的表现符合别人的标准，才会被爱，他们会尽可能去表现自己，或者不敢尝试新的挑战，比如：

5岁的大壮和几个比他小的小朋友一起玩滑梯，小朋友只敢玩小滑梯，大家都夸奖大壮敢玩大滑梯的壮举。于是，大壮就一遍一遍玩给大家看，但当妈妈和其他人不看他时，他马上就没兴趣玩了。

4岁半的小七看见别的小朋友玩轮滑，就要求爸爸也给他买了轮滑鞋，但爸爸教了他几次，他还是不能掌握平衡，小七就说："我不玩了，轮滑真没意思。"

愿意争取自己想要的，且不易受到伤害

高自我价值感的孩子总是以积极的心态解读所面对的人、事、物，不会因为别人对自己的不同看法或者批评而反应过度，认为别人是在针对自己，也不会对他人的看法过于敏感。他确信自己是足够好的，也会去听取别人的看法，对于任何事情他不会钻牛角尖，而是可以根据自己的状态和

所面临的状况进行变通和调整。

而另一些低自我价值感的孩子会因为生活中的各种小事感觉很受伤，一丁点儿的不如意就会成为自己不够好的证明。他们常常说：“瞧，果真没人喜欢我！”“看来我真的是个笨蛋！”“我画的画就是不好。”

在幼儿的同伴交往过程中可以很明显地看出一个孩子自我价值感的高低。

4岁的小宝和小东一起玩。小东有很多玩具，小宝指着小汽车问：“你可以给我玩红色小汽车吗？”小东说：“不可以。”小宝指着小卡车又接着问：“你可以给我玩小卡车吗？”小东又说：“不可以。”就这样，小宝一连问了好几次，小东都说不可以。小东妈妈在旁边实在看不下去了，想安慰小宝，但是小宝说：“好吧，没关系。”然后若无其事地去找别的玩具去了。

看看我们身边的人，会发现很多人遇到别人的拒绝就会表现得很退缩，或者很生气。所以在这个时候，我们会觉得小宝很受伤，会想要帮他，但是对于小宝来说，他并没有在这件事情上受到伤害，他能坦然接受别人的拒绝。这就是一个高自我价值感的孩子所表现出来的状态，他不会因为别人的拒绝而受伤，他会尊重别人，也会为自己积极争取。

更尊重别人，也能注意到别人的需要

高自我价值感的孩子内心感受到父母的爱，觉得自己是安全的，不会为了保护自己就把自己封闭起来，而是愿意与别人交往，愿意去看、去听，用心去感受周围的一切。他愿意去体谅别人，在表达需要上也会很好通融，乐于与人分享，看起来是很宽容、很好相处的人。

4岁的小珍在睡前和妈妈一起洗了澡，趴在妈妈怀里亲热了一会儿，妈妈说有些累想睡觉，只能给小珍讲一个故事了，小珍很通情达理地同意了。

而如果是一个低自我价值感的孩子，他通常只会关注自己的需要，不会看到别人的感受。

5岁的琪琪和点点一起玩，但一直要点点跟着玩她喜欢的游戏，如果点点不同意，她就威胁说："要不然我就不玩了！"玩"过家家"的时候，琪琪非要扮演公主，说什么也不肯让步，好不容易同意了点点的提议，但玩"石头、剪刀、布"时输了就耍赖，还大发脾气。

琪琪一定要让别人按自己的意愿办事，她害怕事物不受自己的控制，当她自己的爱未被满足时，是看不到别人的需要的。相反，高自我价值感的孩子会看到自己的需要，但同时也会尊重他人的需要和价值。

其实，对于成人来说同样如此，如果有高自我价值感，我们会拥有更好的亲密关系。在关系中，我们会相信对方是爱我们的，不会一直追问"你爱我吗"，也不会去问那个"我和你妈妈掉水里，你会先救谁"的千古难题。我们会觉得对方爱我很好，但如果不爱了，我也不会觉得自己就一无是处，我还是我自己，只是我们彼此不适合。高自我价值感的人会以一种全然的接纳态度去面对爱人，去享受亲密的关系，不会让对方有太多压力，不会用爱去捆绑或者控制对方，限制对方的自由。反之，低自我价值感的人会害怕失去爱，会很焦虑和紧张，会去看对方的手机或者跟踪对方，这只会让关系更紧张。

> 愿我们都拥有高自我价值感，也培养出具有高自我价值感的孩子，他可以逢山开路，遇水架桥，全然接纳自己，相信此时此刻的他就是最好的。

自我价值感的培养需要良好的氛围

很多时候，我们都认为当一个人掌握了许多的知识和技能，能力提高了，自然就有高的自我价值感了。于是，我们常常主观地让孩子学这学那。而事实上，自我价值感并不与真正能力成正比，良好的自我价值感来自父母的爱与接纳、肯定与欣赏，是与愉悦的情感交织在一起的。

一个自信的，但是对钢琴一无所知的孩子，在面对可能考过钢琴八级或者十级的孩子时，可能会很有兴致地要跟他学一首曲子，而不会在意别人是否会嘲笑自己，他认为不会的东西只要学就可以了，不会因此认为自己很笨。而对于一个自我价值感低的孩子，他可能钢琴弹得很好，但在这种情况下，他不会去学习，他一定会小心翼翼地避免出丑。

你看，面对同样的情境，自我价值感高的孩子就会有更多的机会学习和尝试。有很多在大家看来非常优秀、非常有能力的孩子，内心可能非常自卑，认为自己是不好的，害怕别人不喜欢自己；而有些能力一般的孩子内心却非常自信，很喜欢自己，也愿意进行新的学习和尝试。

其实，自我价值感更多是一种主观的自我感觉，正如萨提亚所说，自我价值感的培养是需要一种氛围的。我们要和孩子建立一个很好的关系，帮助孩子建立一个被爱的、被接纳的、被重视的、有安全感的成长环境。

在这样的环境中长大，孩子才能逐渐建立起较高的自我价值感。

给孩子充满爱意的抚摸和眼神

作为父母，你的一言一行、一举一动，甚至一个面部表情都在向孩子传达一种信息，都会影响孩子对自我价值的判断。

对于刚出生的婴儿，他没有过去，也没有如何看待自己的经验，更没有衡量自我价值的标准。这时的孩子不能照顾自己，需要完全依赖你才能活下来。他不会说话，只能通过五官来感受你是不是爱他，你的语调、眼神、声音以及对他哭泣时的回应方式都是他判断自己是不是受欢迎的标准，孩子也因此形成自我价值感。比如：

当他饿了的时候你是否能及时来喂他；

当他困了、乏了、累了时，你能否及时给予帮助、安慰和照顾；

当他饿了、生病不舒服时，你能否马上放下手边的一切，先来满足他。

从他来到这个世界开始，你的孩子就通过与你的接触，根据你对他的看法和回应来形成自我价值感。而在你与他的接触中，除了回应的及时性，还有一点是非常重要的，那就是你对孩子的回应方式会对他的自我价值感产生影响。你温柔而充满爱意的抚摸、拥抱和看着孩子的眼神，话语中所传达的关爱的语调，都能让孩子意识到他是被爱的，是你生命中最重要的人。

要特别提醒的是，如果初为父母的你不知道孩子喜欢什么样的抚摸方式，可以用同样的方式先抚摸一下自己，去体会一下是什么感觉。你的抚摸是生硬的还是温柔的？是焦虑的还是柔弱的？是充满爱意，还是让人恐惧、令人焦虑的呢？

还有，你是否清楚自己看孩子的眼神是怎样的？因为无论你是生气、害怕还是温柔且充满关爱，都会通过眼神传达给孩子，所以你要更好地了解自己的感受，也要真诚地告诉孩子你的感受不是因他而起，因为孩子很容易认为周围所发生的一切都与自己有关。

这些做法都可以向孩子传达你对他的爱，能很好地帮助孩子提升自我价值感。

愿意发现孩子的独特之处

孩子刚出生时，我们不知道他将来会是什么样子，就好像我们种下了一颗种子，然后真心诚意地培育这颗种子，等着看它会结出什么样的果实。我们切记不要对孩子的未来进行预设，我们必须了解一个事实，那就是每个孩子本身都是独特的。

当你不知道你种下的种子以后会结出什么样的果实的时候，最好的方式就是带着好奇，去发现孩子的独特之处，而不是非要让你的苹果种子结出桃子来。当你去了解孩子在每个阶段所呈现出的不同状态时，就能不断地发现孩子的独特之处，并学会激发孩子的兴趣，增强孩子某一方面的能力。你的耐心引导会使孩子对自己的能力具有主宰感，更相信自己。

如果你觉得需要练习如何去发现孩子的独特性，那你可以每天写下孩子的3个你欣赏的特质。比如，你可以写下这样的一条：我发现他很专注，因为他已经看了5分钟的书了，等等。

花时间欣赏孩子，肯定孩子的独特性

当你发现了孩子的独特性，就要去欣赏他，并让孩子知道，你是欣赏他的。

孩子的自我价值感是由“接受他评”到“自我评价”发展而来的。一般来讲，孩子在五六岁之前，他对自己的看法更多是通过家庭建立起来的，而再大一些，他会接触到老师、同学或者更多其他人，在这个阶段，他需要父母给予他肯定、赞美和认同。不管是儿子还是女儿，你的赞美、肯定和认同对孩子的价值感形成都是特别重要的。不能认为赞美会让孩子得意忘形，也不要将自己的孩子与别的孩子进行比较，这些方式都很有可能导致孩子的低自我价值感。

> 肯定孩子自身的独特性是奠定自我价值感的基础，
> 你要帮助孩子认识自己的价值。

肯定孩子自身的独特性是奠定自我价值感的基础，你要帮助孩子认识自己的价值。如果你在这个时期愿意花时间去欣赏孩子，肯定孩子的独特性，并用语言和行动表达出来，孩子的内心就会充满自信，他知道自己是独一无二的，是有价值的人。比如，你可以对孩子说：“孩子，我很喜欢你，我非常高兴你是我的孩子。”

得到父母肯定、赞美和认同的孩子，长大以后一定充满了自信。他会很清楚自己是谁，是一个怎样的人，会更有信心去面对他人生中的各种难题。当然，在这个过程中，你也要引导孩子学会正确看待他人的评价，让他学会客观地评价自己。

鼓励孩子去尝试，让孩子感受到自己的价值

当孩子来到这个世界上，他就不可避免地要面对来自环境的各种挑战和要求。孩子需要努力地学习各种知识和技能，会通过做一些力所能及的事情体验独立感和成功感，证明自己的价值。对于孩子的每一次尝试和努力，哪怕是不起眼的一件小事，你都要给予积极的回应，让孩子体会到你的爱与支持，帮助孩子从“镜子”中看到自己的价值、能力和重要性。

2岁半的小宇最近很好奇家里的门锁，特别喜欢趁妈妈不注意的时候，学着妈妈的样子将钥匙伸进锁孔。妈妈并没有批评小宇，而是在每次需要开门时，都把钥匙递给小宇。虽然以小宇的能力还很难成功地放进去，但小宇妈会耐心等待，也会和小宇一起想办法，最后，妈妈也一定会对小宇说：“小宇又帮妈妈开门了，谢谢！”几次下来，小宇很是为此自豪，探索够了，也就不再随便往锁孔放东西了。

在这个案例中，小宇妈避免了用批评的方式让孩子感到自己是糟糕的，而是用智慧进行引导，不但满足了小宇的好奇，还让小宇在这个行为上体验到愉悦，认为自己是有价值的孩子。

温和而坚定地执行规则，让孩子觉得自己是惹人喜爱的

在你家里，肯定会有一些规则，而你如何执行规则也会影响孩子的自我价值感。当孩子没有按照规则做事的时候，你可以试着这样来处理：

- 和孩子保持目光的平视。
- 用一种爱抚的方式拍拍他。
- 以一种温和但不失坚定的语气告诉他可以如何做。

这种处理方式可以让孩子觉得自己是被尊重的，是惹人喜爱的，在没有压力的情况下，他更能坦然接受你的建议，从而做出改变。

有一次，我和2岁半的希希去超市买酸奶。去之前我和他商定好可以选两样东西。到超市之后，他很快就选择了蛋糕放在了购物筐里，然后在卖糖果的地方一直不走。我提醒他还可以买一样东西。他却一直在犯难，不知该选哪一种糖果。约10分钟后我蹲下来，看着他，轻轻地拍了拍他的肩膀说："你想一想你最想要什么呢？是糖果还是酸奶？"他没有回复我。大概又过了3分钟，他说："好吧，我还是去买酸奶吧。"

当你不指责孩子，让他觉得自己可以做主，这种自由的选择可以使孩子不断地进行创造性的自我调整，敢于做出自己的决定，并对自己的行为负责。这也是将责罚的过程转化为学习过程的一种方法。如果我们因为孩子不得体的行为就羞辱他，使他丢脸，剥夺他的权利或是惩罚他，这样做对其自尊的伤害是很难弥补的。

做高自尊的父母，学会欣赏和爱自己

父母是帮助孩子树立高自我价值感的领路人，是他的老师和榜样。然而，如果父母自己都没有高自尊，又怎能教育好孩子呢？

当父母的自我价值感不高，就会希望从孩子身上得到很多，比如，会去控制孩子，会将孩子按自己的想象来塑造。幸运的是，在任何时候，我们都可以重塑自我价值，当我们认识到自己是低自尊时，愿意去承认并做出改变就是提高自我价值感的开始。培养自己高自尊最重要的方式就是满足自己的渴望。可以不断告诉自己：我是能对自己负责的成人，我可以爱我自己。

在遭受别人指责的时候，可以试着将爱给自己，看到自己已经尽力了，意识到别人的看法并不是自己真实的样子。在这个过程中，我们可以接纳和欣赏我们已经做到的部分，当我们可以用这样的方式去关爱自己的时候，内心是被滋养的，会觉得自己是重要的、可爱的，自我价值感也会随之提升。

当我们犯错的时候，不要一味埋怨自己，可以在承认自己错误的同时给自己一些欣赏。我确实做错了，但是我可以给自己一个正向的评价，我已经很努力了，我下次一定会做好。当朋友邀请我去参加一个活动时，我不想去，可是我又不好意思拒绝，那个当下可以问问自己，哪些才是我真正需要的。

关爱自己的方式还有很多，比如，给自己一段独处的时间，做一些自己想做的事，所有让你觉得愉悦、欢喜、爱和肯定的行为都会让你觉得自己是值得的，让你有更高的自我价值感。当我们困惑于该如何提升孩子的自我价值感时，先想想你可以怎么提高自己的价值感。提升自我价值感需要时间，需要耐心，需要练习。从现在开始，去行动吧！

夸奖孩子要有好方法

我有一个朋友之前很认真地跟我探讨说："不能轻易夸奖孩子，夸了他就骄傲了。"我问："为什么这么说呢？"她着急地跟我说："你看我，从小学习成绩一直都很好，那是因为在小时候，我爸就告诉我'山外有山，人外有人'，一定不能骄傲。哪怕我考了全班第一名，他也会说：'你现在只是你们班第一名，在全校呢？在全国呢？……'"

你肯定也听过很多类似的苦口婆心的叮嘱，不管孩子做得多好，都不能太夸奖，否则孩子就会骄傲。然而，夸奖真的会阻碍孩子的发展吗？

当然不是。

曾有人做过这样的实验：同样的两只小狗，一只让它在不断鼓励和赞扬中长大；另一只则整天被冷落责打，让它觉得自己一无是处。后来有一天，它们同时遇到一只狼，那只受冷落的狗吓得瑟缩成一团，而那只被鼓励和赞扬的狗则奋力反抗，高声大叫，终于吓退了狼。

动物尚且如此，更何况我们的孩子呢？

最初，孩子没有能力进行客观的自我评价。孩子在2岁左右，会开始发展自我意识，这时，他会很好奇："我是一个什么样的人？""我可爱吗？”对于这些问题，儿童是从父母那里获得答案的。如果你说一些否定、打击的话，他就会觉得很羞愧或者内疚，而当你肯定、欣赏他时，就能使孩子自我感觉良好，他会觉得很自豪，是有价值的。

父母就像孩子的一面镜子，孩子从父母的眼睛中所反映出来的价值越高，给自己的评价就越高，自我价值感就会高，这是非常重要的过程。因此，父母的赞美和鼓励能帮助孩子感觉自己是个能干的、能掌控自己生活的人，是有价值和值得被爱的人。

> 孩子的行为是否合宜，也是缘于父母对孩子行为的反馈。

孩子的行为是否合宜，也是缘于父母对孩子行为的反馈。孩子并不是天生就了解什么是可以的，什么是不可以的，但是孩子对父母的关注很敏感，渴望得到接纳、肯定、认可，这些好的情绪体验会激发和加强孩子继续尝试的兴趣和探索的热情，以求获得更大的成就，再次获得成人的肯定。他也在这个过程中，通过成人对他的反馈来了解各种规则和期待，从而不断调整自己的行为。所以，赞美和鼓励是教给孩子什么是适宜行为的最有效的方法。

说到这，有些父母可能会想，既然孩子需要得到肯定才会有好的自我认知、好的行为表现，我们做父母的就使劲儿地赞赏吧。但赞赏也是需要方法的，真操作起来，并没有那么容易做到。在父母成长课上，我常常请父母做的是：分享有关你的孩子的3个特质。这时，很多妈妈都会说：

“我的孩子不擅长与人沟通。”“我的孩子总是坐不住。”“我的孩子很胆小。”“我家孩子总是哭。”……说着说着，妈妈就会发现，“哎呀，我怎么说的都是缺点呢？”而在和妈妈一起学习“如何欣赏孩子”的主题时，很多妈妈会突然意识到，自己好像并不知道怎么去欣赏，想半天也不知道如何去做。我想，你肯定不会真的认为，这些孩子没有任何值得欣赏的地方。可是妈妈为什么看不到呢？要欣赏孩子，到底要如何做呢？

1.要学会夸奖孩子，从练习如何夸奖自己开始。

为什么我们找不到夸奖孩子的点，或者我们看到的都是孩子的缺点和没有做到的？也许我们自己一直就是这么被对待的，我们习惯了要更好，但在追求更好的过程里，我们看不到现在的我们到底是什么样的。所以，你可以从自己开始，每天找出自己3个值得欣赏的特点，认真地写下来，如果你能面对面分享给别人，那就更好了。因为分享就是向人承认的过程，也是我们为自己赋能的过程。

2.要及时发现孩子的每一个闪光点。

很多父母总是在抱怨自己的孩子为什么没有其他孩子好，却忽视了世界不缺少美，缺少的是发现美的眼睛。

3岁的果果是小区内有名的乖孩子，在大家眼里，果果热情不认生，见谁都打招呼，摔倒了自己就爬起来，动作反应快，跑得也比别的小孩子快。但是，果果妈却头疼果果一刻也停不下来，觉得果果专注力太差。

你看，同样的孩子，同样的表现，当你看的视角不同，对孩子的看法就完全不同了。对孩子来说，你说的赞美的话就像一面镜子，让孩子看到自己的优秀和可爱，从而提升孩子的自尊。正确的肯定、欣赏应该聚焦在孩子良好的行为上，发掘并抓住他的每一个闪光点。然而，很多时候，我们总是不断地指出孩子的错误和不足，并要求他去改正，而对良好的行为视而不见，这样只能让孩子感到气馁。

事实上，每个孩子都有自己的特点，当你夸奖孩子时，要尊重孩子的个体差异，要有针对性地进行夸奖，比如果果属于做事快、好动、喜欢新鲜事物的孩子，你就要看到他反应迅速、对人热情的特点，并及时进行肯定。

要知道，孩子总会有自己的闪光点，即便再胆小的孩子，也会有勇敢的举动，所以，你要能够发现那些稍纵即逝的瞬间，给予及时的肯定，帮助孩子去发展他需要添加的部分。比如，如果孩子爱跑、爱跳，父母就要夸他坚持运动；而如果孩子不敢尝试，依赖性强，父母就应该抓住机会鼓励孩子勇敢，帮助孩子更独立。

不论事情大小，在孩子每次取得进步后，适时地给予赞美和肯定，予以强化，更有助于孩子个性和能力的全面发展。你可以每天想出3个点对孩子进行夸奖，也许一开始你要想很久，但经过练习，你会调整看问题的角度，也会更快速地发现孩子的闪光点。

3.避免用“太好了”“你真棒”，要描述你所看到的。

详细而明确地描述你所看到的，可以帮助孩子看到自己的行为，从而学会自己爱自己。但在描述时，要避免用“太好了”“你真棒”“太了不起了”这样的词汇，一定要具体化，要把你所看到的真实情况描述出来，让孩子了解到自己到底哪里做得好。

比如，你的孩子自己整理了房间，你如果赞赏他说“你整理了房间，真了不起”，他没准心里会说“我其实把玩具都藏床底下了”。但如果你用描述性语言赞赏时，情况就不同了。你可以说：“我看到这里有很多变化，东西都放到了架子上，衣服都叠放整齐了，散落在地上的书也都收起来了。”如果你是这个被赞赏的孩子，相信你听了这些也会心里美滋滋的。因为你所做的，被看到了。

这里需要注意，在使用描述性赞美时，一定要实事求是，因为你可以随口说一句“你真棒”或者“你太了不起了”，但是你无法随口说出一个具体的描述。对孩子来说，他常常并不知道发生了什么，不知道为什么会被夸，所以你需要努力，真正看到孩子好的行为，并且详细描述出来。

4.要描述自己的感受，最好与感激相伴。

我们还是以孩子收拾房间为例，除了描述你的所见来赞赏他，你还可以通过表达自己的感受来赞赏他。比如，你可以对他说：“走进被你收拾好的房间，让我感觉很舒服。”孩子听到这种赞赏时，往往是一股暖流涌入心头，他会愉悦地告诉自己：只要我认真做，就可以把屋子收拾好，我会坚持下去的。

在描述自己感受的时候，别忘了感谢孩子。对孩子来说，如果他发现你夸他，是希望让他去做某些事情，那么孩子很可能会逆反，甚至认为所有的夸奖都是有所企图。所以我们要尊重孩子，当孩子愿意配合我们去做一些他并不愿做的事情时，他的确牺牲了一些东西，比如玩耍时间、自由空间等，这是不是值得我们去感激呢？当你表达出这份感激时，孩子也会更愿意配合我们，因为他感觉自己很有力量，在给予爸爸妈妈爱和支持。比如，你可以说：“要不是你刚刚提醒我拿手机，我就把手机弄丢了，真是谢谢你，我的宝贝！”“你帮妈妈收了碗筷、擦了桌子，妈妈才会这么快做完家务，真是谢谢你啊！”

5.夸奖的不只是孩子的行为，要对孩子值得夸奖的行为进行总结，让孩子学会自我认可。

你可以通过夸奖、认可孩子的行为来鼓励孩子积极适当的言行，这种方式的出发点很好，但如果处理不得当，可能就会事与愿违。比如，有些家长会说：“如果你能……妈妈就喜欢你！”孩子的安全感可能因此受到威胁，担心如果达不到父母的期望就会失去父母的爱。如果一直让孩子感觉自己只有做到一些事情才能获得家长的欣赏、认可和爱，那么孩子可能就会终其一生努力做事，力求获得外在的欣赏，却无法真正从内在欣赏自己、爱自己。如果你能够透过孩子的行为来欣赏孩子内在的美好品质，那么孩子就不仅仅是学会了适当的言行，更重要的是学会了从内在欣赏、认可和爱自己。

在夸奖孩子好的行为的时候，要夸奖的不仅仅是他的行为，还应注意其丰富的内在，正是这些内在激发了他的外在行为，因此，我们要通过夸奖外在行为而欣赏孩子的内在。在描述性夸奖后，把孩子值得赞赏的行为总结成一个词。这个词可以是有关孩子的品质，如有耐心、勇敢、体贴、独立等，让孩子对自己的内在认识进一步加强。

举例参考：

- 你已经看了一个小时的书，这就叫能坚持。

- 你说好5点回来，现在正好5点，这叫守时。

- 你看见门被风刮开了，就去把门关上了，这叫有主动性。

当我们这样去看待孩子的行为，孩子就能从正向积极的角度看待问题。你也可以练习，下面的填空，试试自己的总结能力。

- 你不小心把水弄洒了，你马上拿起抹布擦干净了，这叫________。

- 你都准备出去玩了，但是外面突然下雨，你马上安排了别的事情做，这叫________。

- 尽管别的孩子嘲笑你的朋友，你还是和他站在一起，这叫______。

也许在上面的情景中，你会填“有担当”“有弹性”“有勇气”。当然这些并不是标准答案，这里也没有正确或错误的答案，关键是要告诉孩子一个他以前不知道的词，能让他对自己有一个新的认识。

当你知道了可以如何夸奖孩子，一定要坚持说出来，让孩子听到你的正面评价。你要时时发现孩子处于什么状态，不管结果如何，你要关注孩子努力完成目标的过程，多去肯定和欣赏他在这个过程中付出的努力、他的坚持不懈、他的进步、他在活动中表现出来的兴趣和专注等。

孩子为何越夸奖越难伺候

通常，大多数人相信夸奖可以建立孩子的自信，让他更有安全感。但有的父母抱怨说，我刚刚夸了孩子很乖之后，他就开始犯坏了，好像就是为了故意反对我的夸奖，这是为什么呢？其实，夸奖也要有恰当的时机和正确的表达，否则，夸奖也可能导致孩子的紧张和行为失当。

小西一家正在餐厅吃饭。5岁的小西一直不停地在妈妈身边徘徊，问东问西。突然，她安静了下来，时而盯着头上的大吊灯，时而看看在妈妈身边的弟弟，像是在思考什么。妈妈觉得叽叽喳喳的小鸟终于安静了下来，应该要夸奖她一下。

她转身对小西说："小西，你表现真好，真是个好孩子，我为你骄傲。"

话音刚落，小西舀起一勺饭，撒在桌子上，甚至还撒向菜盘。妈妈被这突然的一幕气得直咬牙，最让她生气的是，才刚刚夸完小西呢。妈妈很疑惑：难道夸奖对孩子不再有用了吗？

为什么会这样？小西的心里到底在想什么呢？后来，小西自己说出了她那么做的原因。自从来到餐厅，妈妈一直抱着弟弟玩，哪怕她去问妈妈问题，妈妈也只是“嗯嗯”地回应，并不看小西一眼。小西很生气，她正冒出一个念头，要是头上的吊灯掉下来，刚好砸到弟弟，那妈妈就只有她一个孩子了。就在这时，妈妈夸她乖，这样的夸奖让她觉得很惭愧，她就不顾一切地表现出自己不配那个夸奖的样子来，于是后来的事情就发生了。

你看，对于孩子来说，当他的需要未被满足时，会有很多破坏性的想法，当你在这时跟孩子说“你真是个好孩子”时，他可能无法接受，因为他对自己的想法是完全不同的。就像案例中的小西，她希望弟弟不再出现，这样的她可不能算是“好孩子”。因此，当你面对处于这个状态下的孩子，你的夸奖越多，其不端行为可能就越多，因为孩子想显示出他的本来的样子。

夸奖还有可能让孩子产生愤怒。团团妈在我们的“妈妈共修小组”学习完关于欣赏孩子的主题之后，回家就开始实践了，但是，当她夸奖孩子时，孩子要么没什么反应，要么问得她不知如何接话。她讲述了这样的场景：

为了实践，团团妈想好了要如何夸奖孩子。于是，她拉住正守在电视机前的团团说：“我需要和你聊聊。”

“好吧，妈妈，我做错什么了吗？”

“不，我只是想告诉你，你今天在学校得到了A，你真棒。”

“嗯，夸完了，‘但是’呢？”

“什么‘但是’？”

“快说出你的‘但是’吧，你一般不都要讲的吗？”团团很平静地看着妈妈说。

团团妈惊了，她不知道孩子是如何知道她还要说“但是”的，她当时还真是有后半句，就是“但是现在不要看电视了”。

孩子会很精明地了解我们的行为模式。如果我们的夸奖总是建立在结果或者孩子的外在表现上，那对孩子来说，就是“当我表现得很好，或者如果我全部拿到A，父母就会夸奖我”。这会让孩子总感觉自己被你的夸奖绑架了，知道你的夸奖是有目的的，是为了让他照你的要求来办事。如果你的孩子识破你夸奖的目的，就会表现出更多的愤怒，或者只是为了寻求夸奖去做某些事，而不是体验到事情本身的乐趣，以及找到自己的价值。

夸奖前，要准备好自己

想让你的夸奖能为孩子赋能，要注意夸奖的时机，自己先准备好，要先让孩子感受到被接纳，然后再去夸奖他。除非你心里真的是无条件接纳你的孩子，并且你的孩子也能够完全感受到你的接纳，否则你的赞美在孩子眼里就会变成控制。

如果你是真的接纳孩子的行为或者他现在的状态，你的孩子会觉得自己是安全的，他知道不管他是什么样，你都是爱他的，那样他就会放松自己，把自己的潜能发挥出来。

在夸奖中，要避免对孩子进行评判

我们不是法官，不能去对孩子进行评判。比如，孩子今天帮忙倒了垃圾，你对孩子说："你真是个好孩子。"这就是一个评判。那如果不倒垃圾就不是好孩子了吗？或者只有做了让妈妈满足的事，才是好孩子吗？这会让孩子很有压力，对他的自我价值感的建立没有帮助，还可能会让孩子长大后用拼命做事来获得别人的认可。

如果你是这个妈妈，你可以跟孩子说："你帮妈妈倒了垃圾，我非常高兴，谢谢你。"重点要讲这件事带给你的感受，也让孩子体会自己行为的价值，目的是帮助孩子建立自己内心的激励和评价标准。所以，远离评判性夸奖，这样孩子才不会总是向其他人寻求认可。

夸奖要让孩子可以给自己正面的画像

在夸奖中，你要说什么，取决于你想让孩子在心里如何评估你说的话。就好像你在给孩子画像，你要考虑的是，孩子听完你的话，是否能在心里给自己画一幅正面的画像，并形成积极的自我评价。

比如，你听完孩子弹了一首曲子，你可以说："你今天弹的钢琴曲让我很愉快，谢谢你。"孩子听了就会很开心，因为他觉得自己是有能力弹好这首曲子的，他或许会说："妈妈，我再给你弹一首吧。"这时，孩子把你的感谢理解为对他的认可。但有时，夸奖也会使人气馁，这都取决于孩子听到夸奖之后会怎么想。如果你听完孩子弹琴后欢呼道："你真棒，你简直就是出色的钢琴家。再弹一次吧。"孩子听后也许就失去了兴趣。

因为你的夸奖让他难以继续下去，因为他可能对自己说“妈妈说我是出色的钢琴家，但我不是，这首曲子我刚练习不久，刚刚顺利弹下来只是靠运气，如果再弹一次，我可能会出错，我还是先不弹了吧”。你也可以对正在练琴的孩子说：“今天的曲子很难，但我很欣赏你一直在很努力地练习。”孩子听后，会觉得自己能够面对挑战，只要去练习，就会有收获。

我们夸奖孩子，也要给孩子示范如何以一个积极的视角去看待人、事、物，要引导孩子看到他自己的长处，他可以做什么，他可以尝试什么，而在这个过程中，可能会有人跟他有不同的意见，但他能够去接纳别人的不同意见。

夸奖要符合事实，不能夸大

在吃晚饭的时候，家里突然来了一位不速之客。你热了一下骨头汤和中午的剩菜，结果客人说：“好丰盛啊，你真会做饭，太棒了！”听了这种赞赏，你会有什么反应？或许，你会产生怀疑：吃这些东西就说我会做饭，他肯定是在撒谎或者故意讽刺我。

下班时，你刚换下毛衣和牛仔裤，穿上礼服准备参加一个聚会。你碰见中午见过面的同事，他打量一下你，说：“天啊，你总是穿得这么光彩照人！”听了这种赞赏，你会有什么反应？或许，你会产生否认：“我总是光彩照人？你没看见我中午的样子吗？”

在会议中，你和同事进行了激烈的讨论，会后，另一个同事走过来对你说：“你真是才华横溢的大才子！”听了这种赞赏，你会有什么反应？或许，这样过头的赞赏会让我们更关注到自己的弱项：才华横溢？没开玩笑吧，我连把表上的数字加起来都出错了。

你刚开始学打网球，而且打得不好，球总是出界。今天你和搭档双打，你发了一个不错的球，搭档说：“嗨，你打得不错啊。我们一定能赢！”听了这种赞赏，你会有什么反应？或许，这种赞赏会引起焦虑：这是赶巧了，我可能再也打不出这样的球了，我该怎么办？

这就是不当赞赏所隐藏的问题，会引发听者很多别的感受。

所以，夸奖要基于孩子的真实状态，不可为了夸而夸，否则，你越是大肆表达赞赏，孩子就越是不领情，或者孩子会认为无论做什么，无论怎么做，都是会被夸奖的，那夸奖也就失去了原本的意义。

爱的自我内省

你的成长历程中，你是如何被夸奖的？

你是如何夸奖你的孩子的？

让孩子学习自我认可

不知何时，赏识教育在家长中流行起来。“宝贝真聪明”“宝贝真漂亮”“宝贝，你真棒”成了夸奖孩子必备的口头禅。可事实上，这种泛滥的赞美可能进入了另一个教育误区。

生活中常见到这样的情景，奶奶给2岁的孩子喂饭，孩子每吃下一口，奶奶就说：“宝贝真棒。”但事实上，暂且不说2岁的孩子自己吃饭是他自己可以做的事，本不需要大人喂，就说孩子饿了吃饭是一种本能，吃下一口饭，与他是不是很棒有什么关系呢？这种赞赏能养成孩子自主进餐的好习惯吗？

你可能意识到了夸奖对孩子的成长非常重要，但夸奖也要讲究技巧，如果你夸奖得不到位，也许不仅不能帮助孩子建立好的自我，还会阻碍孩子形成好的思考模式和行为习惯。

朋友见到你的女儿，可能会说：“小姑娘真漂亮。”又或者你儿子背了一首诗，朋友夸奖说：“你儿子真聪明。”当听到这样的夸奖，你可能会很开心，因为大家都在夸奖你的孩子，你觉得这可以让你的孩子更有自信心，但事实上，这样的夸奖不但不能帮助孩子建立自信，还有可能会阻碍孩子好的思考模式和行为习惯，因为这些都在夸奖孩子所不能改变的东西。

斯坦福大学的卡罗尔·德韦克（Carol Dweck）教授经过超过15年的研究已经可以确定，称赞孩子的天赋对孩子有害无益，完全不利于孩子思维模式的健康成长。德韦克教授曾经做过这样一个实验，给一些小学生做一项无语言的智商测试，而后分别以不同的方式告诉他们测试结果：

✦ 实验组1（夸奖其天赋）：哇哦，这是个很好的分数，你真聪明啊！

✦ 实验组2（夸奖其过程）：哇哦，这是个很好的分数，你之前一定很努力吧！

夸奖完了之后，再给这两组孩子一个选择题：

现在有3个任务，你可以挑一个来做。一个是非常困难的任务，你可能会犯错，但是能学到东西；一个是很新鲜的任务，你可能从来没接触过；而最后一个是你很擅长的任务，你必定能很好地完成。绝大多数被夸奖了天赋的孩子都选择了他们有把握可以做好的任务，因为他们不敢挑战自己身上“天赋孩子”（Gifted Child）的标签。而被夸奖其过程的孩子，几乎都选择了看起来比较困难但能学到东西的任务。

夸奖对孩子的成长非常重要，但夸奖也要讲究技巧。重要的是要通过夸奖让孩子建立一种正确的自我评估模式。你想让孩子养成的是成长型心智模式还是固定型心智模式？在《终身成长》一书中，成长型心智模式和固定型心智模式是德韦克教授在她多年的研究基础上提出的概念。她的研究发现，关于这一点，人们大概有两类看法：

一是这是可以改变的，即“成长型心智模式”，这样的人有“能力增长观”；

另一类是这是固定的、不可改变的，这是“固定型心智模式”，他们有“能力实体论”。

研究表明，拥有成长型思维的孩子做事不易放弃，更能从过程中享受到乐趣，更容易寻求帮助，复原力更强，也就是更加坚毅。他们会更在意自己从一件事中是否真正学到了东西，而不仅仅是能够通过考试。

在夸奖中，你要做的是：

1.告诉孩子，能力是可以提升的，不是一成不变的。

看到别的小朋友3个月就能翻身了，11个月就会走路了，你不要认为你的孩子发展得不好，他只是现在尚未达到。

当你3岁的孩子在搭积木塔时总是倒掉，又或者你的7岁的孩子考试得了50分，这都不能说明孩子就是失败的，只是他还未达到或未完成。

这时，如果你用不合格、失败去评估孩子，会让孩子觉得自己被评判了。而如果只是描述他在这一刻还未达到或者未完成，那意味着，在未来他是有机会去完成的。这就帮助孩子建立了一种好的观点：问题是存在的，这只是学习和成长过程中的经历，随着时间的推移和不断调整，结果也是会变化的。

2.夸奖孩子的努力，而不是夸孩子很聪明。

在遇到很大困难的时候，被夸聪明的孩子是很容易放弃的，而那些被夸努力的孩子更有可能坚持下去。

那些被夸聪明的孩子，这时会想：现在的情况已超出了我的聪明程度了，我不能在瞬间提高我的聪明程度，那我只能放弃了。或者，当面对新的事物，他想让自己能够一直得到夸奖，他心里会很害怕，怕做不好，失去自己很聪明的形象。

而如果我们夸孩子很努力，他内心的想法是完全不同的，当他面对新的事物时，会带着好奇，想要去尝试。当事情未达到预期时，他也会想，也许是我还不够努力，或者我还可以尝试别的方法。带着这些不确定性，他也就更愿意去尝试。

3.夸奖的是过程，而不是结果。

对于成人来说，我们知道，很多时候，我们即使努力了，结果也不是最好的，因为我们还有可以提升的空间。重要的是，在这个过程中，我们有什么新的收获和体验。

比如，当孩子画了一幅画拿给你看，他可能会很着急期待你的点评。也许，你会直接地说："你画得真好。""你终于画得很像了。"这对孩子来说，他要么不知道自己好在哪儿，要么以画得像为目标，如果下次不能得到夸奖，或者不能画得很像，就会很沮丧。而如果我们可以带着好奇，问孩子："你是怎么画出来的？"或者更细致地提出："这个颜色很特别，你当时怎么想到用这个颜色的？"这样的夸奖会让孩子去发现他在这个过程中的收获，他听了可能会回想自己完成这幅画的过程，会去自我发现和总结，他可能会说："这个颜色最适合画树干，所以我就选择了这个颜色。"不只是简单说好或者不好，孩子会更愿意去尝试各种可能性，他知道在这个过程中，他的选择和决定是可以改变和影响结果的。

4.夸孩子的成长，而不是去和别的孩子比较。

让孩子看到自己的成长，会让孩子体验到成就感，他会为自己的变化而感到开心。但如果你说：“你这首曲子弹得真好，比楼下的朵朵弹得好多了。”这样的夸奖就是建立在与别人的比较中的，孩子就会认为，自己一定要做得比别的孩子强，否则就不会得到夸奖，当他有这样的心理时，在面临挑战或者新的尝试时，他就会失去尝试的动力。

夸奖孩子时不去和他人比较。这份欣赏仅仅是关于孩子自身的，与他人无关。当孩子了解自己的“好”不需要建立在别人“不好”的基础上，大家可以都“好”的时候，孩子就不会对别人充满敌意，即使面对竞争也可以公平决胜，同时他的内心会对别人有爱，这也就建立了人际和谐的基础。

当然，如果非要比较，建议跟孩子自己的发展进行比较。比如，孩子现在可以自己穿衣服了，会系扣子了，会把不玩的玩具放回原处了，等等，这样的夸奖会让孩子看到自己的进步，也会提升孩子的自信。

爱的自我内省

在过往，你会在意孩子是用什么方式去思考的吗？

在未来，你如何运用新的方法，让孩子愿意去尝试各种新的可能性？

孩子总是落后于别人，你还能淡定吗

小时候，经常听到爸爸妈妈说："你看别人家的×××，又考第一名了，你要跟他好好学学！"也许，那时你会在心里暗下决心，我以后一定不会这么对待我的孩子。当你为人父母后，在平时，一定还是相信孩子的，但当你看到朋友家的孩子比你家的孩子还小2个月，已经走得很稳了，可你家孩子还是满地爬，又或者别人的孩子出口成诗，你的孩子话还说不利索，你可能就不淡定了。

比较易让孩子失去自信

豆豆妈自己从小就是人见人爱的好孩子，不仅学习成绩好，还积极参加各种活动。但豆豆却和妈妈不同，豆豆妈吐槽说："豆豆怎么就这么不随我呢？什么都不如别人，唱歌跳舞都不好。我同事的孩子比她小3个月，总是班上的领舞。让她练习，她还不愿意。真是让人着急啊。"

在豆豆妈心里，对孩子有一个预期，她期待孩子能像她一样，做个处处都跑在前面的人。而豆豆心里想的是，妈妈总是说别的小朋友好，可是她不知道我不喜欢唱歌跳舞，我喜欢画画，老师还经常夸我画画很专注，用色也很好呢。妈妈为什么一定要让我跟别人比呢？是妈妈不爱我吗？

妈妈这样拿孩子去和别的孩子比，必然会使孩子产生处处不如人的想法，而这种比较经常是不够合理的，比如拿己之短比人之长。于是，在妈妈一次又一次的比较中，孩子的自信已经不知不觉地被逐步削弱，长此下去甚至会自暴自弃。

你可能会觉得，这样才能让孩子进步，让他奋起追上呀。的确，孩子的适应能力往往比我们想象的要强得多，他们为了取悦父母，往往会去揣摩你的想法，小小年纪便产生较强的得失心。为了能够得到爸爸妈妈的认同，他们也总是希望自己在某些方面比别的孩子更好，一旦别的孩子超过自己，就会因此产生很大的心理压力。想想看，比较给小小的孩子造成了多么大的精神压力啊！同时，孩子即使超过了其他人，也没有体会到事情本身的意义。孩子会觉得父母总是拿自己和别的孩子比较，从而认为父母是不爱我的，不喜欢我的，父母更喜欢别人家的孩子，他们得不到尊重和爱，心里也会跟父母产生疏远的状态，甚至与父母对着干。

在比较中胜出的孩子会有很多担心和害怕

比别的孩子差会伤害孩子，但如果比别的孩子强呢？这可能是我们最想要的结果了，但这对孩子就是好的吗？

当孩子在比较中比别的孩子强时，孩子会在短暂的时间内感觉自己很好，他的自尊达到一个高水平，但不知不觉对自己的评价会依赖于这种比较。他会认为，自己一定要比别人强，否则自己就是不好的，所以他体验到的并不是成就感，而是更多的担心和害怕，他害怕在下一次比较中自己不能胜出，他害怕失去父母赞赏的眼神。他可能会一路向前冲，但不知自己到底为了什么，走着走着就忘了原本的自己了，他并没有看到自己到底哪里好，也不能接受有人比自己好，这会让他体验到越来越多的孤独感。

放弃比较，从面对每一个压力时刻开始

既然在比较中无论处于哪一方都是不好的，那我们不要让孩子比较就好了。这说起来很容易，但做起来就很难了。我们生活在一个处处充满比较和竞争的环境中，更严重的是我们内心的比较已根深蒂固了。

记得在儿子希希幼儿园面试时，老师把希希所在的一组小朋友叫进教室，家长跟随着，坐成两排，孩子坐前面，家长坐后面。老师拿了一个小玩偶给小朋友演示了几个动作，算是热身，接着就让小朋友们站起来到教室中间去跳舞。很多孩子都站起来了，跟随着老师的动作开始摆动，我见希希没动就推了他一下，示意他起来，他还是不动，我以为他没懂现场的状况，这可是集体面试呀，不动老师会怎么看呀，也许就不能通过面试了，于是又推了他一下，并在他耳边说："快去呀！"可是，他坐得更直了，说："我不想去。"这时，我才意识到，看到别的小孩子都听从指令开始行动，而他一动不动，我越发着急，但我忘了他是慢热的孩子，让他一上来就表现得很活跃，对他来说是很大的挑战。意识到这点，我就老实坐那儿了，没过一会儿，有老师走过来，他就主动跟人聊天了。

对我来说，虽然在我的头脑里是真切地知道不能去比较，但在那一

刻，当外界压力来临时，我也会很焦虑，很自然地就拿希希和别的孩子进行比较了，所以放弃比较真的不容易。但只要我们有意识地去觉察，就可以很快停止比较，去看到真实的孩子。

印度哲学大师奥修说：“玫瑰就是玫瑰，莲花就是莲花，只要去看，不要比较。”比较实质上是以一个外在的标准，或是以别的孩子为标准来衡量自己的孩子，这种做法忽视了孩子之间存在的诸如先天气质类型、后天成长环境等个体差异，一味以父母的想法来要求孩子，这不但违背了成长的规律，而且也会限制孩子的个性发展。每个孩子都有自己的特质，应当放下比较，从孩子的实际出发，看到孩子的特点，鼓励孩子去发展他自己，而不是让他去做别的孩子的复制品。

你可能认为不比较太难了，即便自己不比较，别人也会比较。我们不能左右和控制别人的言语和行为，但我们能做的是让孩子在没有比较的家庭环境中成长。不故意拿孩子去和别人比较，而是在成长过程中让孩子看到自己的成长，也看到别人的优点，看看自己可以做哪些调整，这样孩子就能发展好的自我评估。比如，我们可以引导孩子去看到自己的进步，让他看到通过自己努力发生的改变。

从现在开始，放弃比较，陪孩子去发现新的可能性，让孩子不断体验到成长和进步，是我们要一直坚持去做的。

第四章

让孩子拥有好的同伴关系

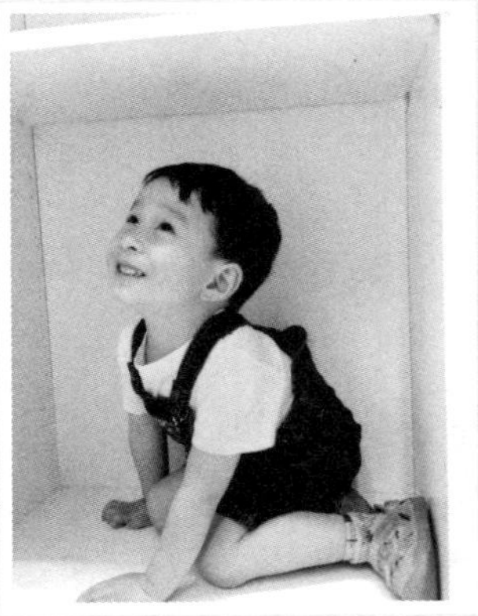

每个人都渴望拥有好的关系

孩子也不例外

但结交新朋友、与小伙伴相处

对有些孩子来说并不容易

他们可能不受欢迎，总被同伴拒绝或者排斥

甚至总被欺负，或者总是欺负别人

这易让孩子感到焦虑、孤独、无助，更易缺乏自信

甚至会影响孩子将来与同事、合作伙伴、伴侣的关系建立

因此，我们要从现在开始

帮助孩子学习更好的社交技能

建立好的同伴关系

让孩子在关系中得到滋养

别忽视了小伙伴对孩子的影响

你是否发现，在我们的工作生活中，那些具有较强社会交往和活动能力的人往往更受欢迎。这种社交能力从何而来？幼儿同伴交往是孩子学习社会交往的主要形式。

但是，现在的孩子不能像以前的孩子那样，可以和兄弟姐妹或者小伙伴一起玩丢沙包、跳皮筋了，他们爱玩的是手机、是电脑。没有了同伴，也就不能拥有好的社交技能了。

孩子需要丰富的同伴交往活动

同伴之间的交往是个体早期的主要活动之一，对孩子的发展有着不可替代的作用。对孩子来说，3岁以后，同伴关系在他的生活中就变得越来越重要了。孩子的同伴交往也是以不同形式存在的。下面来看发生在4岁半的欣欣和小小之间的故事：

倾诉烦恼的欣欣

欣欣一到幼儿园就找小小，说："小小，我跟你说个悄悄话。”然后两个人手拉手走到“娃娃家”，小声嘀咕起来。

欣欣说：“我爸爸妈妈昨天吵架了，虽然他们关着门，但我听到他们很大声地说话。”

小小拉着欣欣的手说：“那你一定很难过吧。我爸爸妈妈吵架的时候我也很害怕，怕他们不要我。”

“是不是因为我不好，他们才吵架的呀？”欣欣问。

“不是的。我妈妈说，大人吵架是大人的问题。”小小一本正经地回答。

“真的吗？”欣欣眼睛一亮。

“嗯。”小小使劲儿点点头。

“大人为什么吵架呢？他们不是告诉我们不能吵架，吵架不能解决问题吗？”

“唉，真想不通。”

欣欣和小小同时叹了口气。

发生矛盾的好朋友

欣欣哭着跑过来找老师：“老师，小小打我。”

“她把我搭的积木弄倒了。”小小气呼呼地说。

“我是想在她的积木城堡上放一个窗户。”欣欣分辩道。

“欣欣是想和小小一起搭积木，但是你没有经过她同意就动了她搭的积木，是吗？”老师问欣欣。

“嗯。”欣欣又点点头。

老师转向小小，说：“欣欣没有经过你同意就动了你搭的城堡，你就打她了，是吗？”

“嗯。”小小回答道。

老师了解清楚事情的经过，和两个人一起解决了问题，最后两个好朋友继续玩去了。

友好商量的好邻居

欣欣在“娃娃家”玩，她拿着一个娃娃说：“假装我是妈妈，你是我的女儿。”

这时一阵敲门声传来，“我能一起玩吗？”小小问。

“房子容不下两个人。”欣欣说。

小小很失望，但是马上想到了一个好主意：“我们可以做邻居，你还可以合用我的菜园呢。”

“好。”于是，一座相连的房子搭建好了，小小住进去，并证明自己的确是真正的好邻居，主动把园子里的菜分享给欣欣。

对孩子来说，在和父母及老师的交往活动中，由于所处地位的不同，他们间的信息传递是一种单向的传递。但是，年龄相同或相近的儿童之间的交往是一种平等关系，彼此间的信息传递是双向的，交往活动将促进各自的心理发展。在这个过程中，会有同伴间的沟通交流，会发生矛盾，会面临各种问题，会形成友谊等，这些都将对孩子的成长产生重要的影响。

同伴交往对孩子成长的影响

从欣欣和小小的故事中，我们可以看到，一对好朋友，她们会彼此分享快乐和难过的事情，也会发生矛盾、产生冲突，这是孩子在交往中不可避免的，但对这一对好朋友来说，她们的交往对其成长会有以下的意义：

1.同伴交往会让孩子减少孤独感。

这一点你可能很容易想到。身边很多妈妈都在感慨，现在的孩子太缺少同龄的玩伴，也就没有机会体验到同伴交往中积极的互动，包括倾诉、合作等，而这种积极的互动能帮助孩子之间建立好的情感连接。就如同欣欣，在爸爸妈妈吵架顾及不到她的感受时，选择向好朋友小小倾诉，虽然小小不会给她实际的帮助，但是通过倾诉，欣欣会感受到来自同伴的支持，内心的无助和孤独感也会减轻。

2.同伴交往会让孩子更好倾听别人。

学会倾听是我们在人际交往中的一个基本技能，但对年幼的孩子来说，他们通常是以自我为中心的，在面对人和事时，总以自己的兴趣和需要为出发点，既不愿也不能意识到同伴的观点、意图和感受。在自己的兴趣和需要受到影响时，他们情绪变化往往会过快或过激，情急之下，就会出现一些攻击性行为。

比如，欣欣和小小虽然是好朋友，但是她们依然还不太会站在对方的角度考虑问题。欣欣想帮助小小搭积木，她不会想到小小不让她搭，而小小也想不到欣欣不经过允许就加入，于是，出于本能，就产生了冲突。但是，你别小看了冲突，这是孩子成长的一个契机，当冲突发生时，孩子为了达到自己的目的，不得不去倾听、了解他人的想法、需要和感受，从而调整自己的行为。

3. 同伴交往会促进孩子学习社会交往技能。

孩子交往不要害怕冲突，当面对冲突时，你可以引导他们学习如何解决冲突。孩子之间的每一次冲突和解决冲突，都为他们提供了运用各种技巧化解矛盾的真实环境和实践机会，他们可能会有抢、夺、打、踢、沟通、协商、求助等方法的运用，经过实践，也会帮助他们提高解决冲突的能力。

比如，当你面临像欣欣和小小发生的冲突时，你可以告诉小小："打人是粗野的行为，我们要用语言解决问题。你可以说：'这是我搭的，没有我的同意，你不可以动。'"同时，你也可以跟欣欣说："如果你想和小小一起搭积木，你需要经过她的同意。"当你这样引导和示范后，两人要再遇到类似的情况，就会自己解决了，因为孩子学到了更有效的沟通方式。

4. 同伴交往能促进孩子认知能力的发展。

在与小朋友的互动过程中，他的注意、记忆、思维、逻辑等认知活动得到发展，会表现出更好的语言表达能力、问题解决能力和情绪管理能力。从某种意义上讲，同伴交往是一种有效的教育资源，为孩子的语言、注意、思维等认知活动提供了发展的平台。

比如，在竞争性游戏中，孩子与小朋友之间要遵守游戏规则；在协商解决分歧时，要尊重对方的意见、要求和愿望。比如上述案例，欣欣已经在"娃娃屋"玩了，小小也想去，虽然欣欣说"娃娃屋"太小，不能容纳两个人，但是小小想出了解决的办法，两人通过协商，达到了双赢。

因此，当孩子间有问题发生时，你要注意观察，他们之间的交流、争吵、申诉、提出自己的观点、说服对方等一系列的语言表达，这些会提升孩子的语言表达能力。而提出解决方案、寻求双方共同认可的解决方法等互动过程，则刺激了孩子思维能力和解决问题能力的发展。

5. 同伴交往能促进孩子自我概念的发展。

孩子对自我的认知很大一部分来自父母，而对于开始进行同伴交往的孩子来说，同伴就像一面镜子，从这面镜子中，孩子在父母之外获得有关自我概念的看法。来自同龄人的肯定，能够促进孩子自豪感、自尊感和自我接纳的发展。

比如，当欣欣怀疑是因为自己不够好才导致爸爸妈妈吵架的时候，小小说欣欣很棒，这个正向的看法让欣欣眼前一亮，欣欣明白了自己不该去承担本该父母承担的责任。

6. 同伴交往能促进孩子更好地适应规则。

当孩子进入社会，开始进行社会活动时，他就要遵守符合社会要求的行为准则和行为规范，在与小朋友的交往中，他会发现所有的事并不一定要按自己的意愿来办事，尤其是当矛盾或冲突发生时，他会学习到什么样的行为才是适宜的。

比如，当欣欣和小小知道了“打人是粗野的行为，我们要用语言解决问题”时，相应的规则也就内化了，这会让她们有更好的行为。

了解了同伴交往对孩子发展的重要性，我们要做的就是给孩子创造机会，让他和小朋友互相陪伴，共同成长。

在小伙伴中，你的孩子受欢迎吗

和朋友聊天，他说他家儿子可让他发愁了，只要一到小区玩，别的家长都赶紧护着自己的孩子，生怕被他儿子伤着，他们一家人陪儿子最重要的事情就是看好他，别让儿子伤着了别的小朋友。

我很理解朋友的苦衷，在孩子的世界里，他们的交往状态可谓千姿百态，有的儿童是被同伴接纳的，有的却是被同伴排斥的；有的孩子是居中心地位，有的则是处于边缘地带……为什么会有如此的差异呢？

根据心理学家采用“同伴现场提名法”的研究认为，儿童在同伴交往中已出现类型分化，分为受欢迎型、被拒绝型、被忽视型和一般型4种。不同类型有着不同的表现，看看你的孩子的差异何在？

人见人爱的受欢迎型儿童

受欢迎型儿童是指在同伴中获得的积极提名多、消极提名少，被多数同伴喜欢的儿童。他们都很积极乐观，愿意分享，能够与人合作，对同伴很友好，能够支持同伴，能够和平地解决冲突，较少表现出攻击性行为。

愿意分享的强强

5岁的强强常常带一些新玩具到学校，吸引了一大批小朋友围在他身边。他喜欢和大家在一起讨论如何操作玩具，当有小朋友提出想要玩时，他会欣然同意。

懂得谦让的点点

4岁的点点在排队玩滑梯，她特别喜欢这项游戏，好不容易轮到她了，这时旁边有个小弟弟因为想要玩而哭闹不已，小弟弟妈妈向她发出了求助的眼神，她看了看滑梯，说："让小弟弟先玩吧。"

爱帮助他人的小雨

4岁的小雨正在幼儿园的洗手间洗手，忽然，她听到"啊"的一声惨叫，原因是一个小朋友摔倒了。她拍拍小朋友的后背，拿自己的毛巾给小朋友擦去身上的水，关切地说："你很疼吧，要不要我扶你起来，或者找老师来帮忙？"

都想远离的被拒绝型儿童

被拒绝型儿童除了我们惯常认为的常常攻击别人的孩子，还有一种是表现得很退缩，反应很迟钝的孩子。他们的外在表现完全不同，心理状态也不同。

被拒绝型攻击性的孩子极度活跃

在被拒绝型儿童中，攻击性的孩子常常采用强迫手段去支配他人或他人的物品。他们在与同伴的交往中，并不缺乏交往行为，而是行为过度。他们极度活跃，会有许多破坏行为，比如，他们常常不合作，指手画脚，控制他人，故意捣乱，侵犯他人，他们很想得到关注和重视，但常常以怪异的方式引起老师和同伴的注意。

爱打人的小虎

5岁的小虎常常打人。一天，他看到幼儿园新装的滑梯很好玩，其他孩子都在那里玩。小虎想也没想就挤在了小新的前面。“你得排队，”小新说，“我们比你先来，你得排在后面。”“凭什么？”小虎不服气地说，“你们都玩过了，应该让我玩，你们可以选择其他的玩。”“你不可以霸道不讲理！”小新拉住小虎的衣服，把他拽到后面。小虎不管三七二十一，挥起拳头就往小新的身上打去。

指手画脚的点点

5岁的点点和小朋友一起玩积木。小黄和小兰一起搭了个2层的楼房。点点看了看说：“为什么你们每次都搭一样的，你们就不能想点儿新鲜的玩法吗，这么简单的玩法我早就玩腻了。你们可以搭个大城堡啊。”小黄说：“我就喜欢搭小楼房。”小兰说：“我也是。”

爱批评别人的小强

4岁的小强和小黄一起叠纸飞机。小强很快就完成了，飞机飞得很高很远。可小黄的飞机怎么也飞不起来。小强看了看说：“你根本不会叠纸飞机，让我来告诉你怎么做吧。”他抢过飞机又嚷嚷道：“你选的这个纸的颜色太愚蠢，真是难看。”小黄生气地说：“这是我的纸飞机，我想怎么做就怎么做。”说完就走开了。

被拒绝型退缩性的孩子易成为被欺侮的对象

这样的孩子常常表现许多无效的、不成熟的行为，对同伴群体的期望反应迟钝。他们知道其他儿童不喜欢他们，常常会感到特别孤独，他们的自我价值感低，容易体验到挫折以及其他负面情绪，对批评过分敏感，并缺乏朋友的支持，容易成为被欺侮的对象。

总受欺侮的小兰

一个晚上，小兰临睡前跟妈妈说：“妈妈，明天我不想上幼儿园了，我觉得肚子有点儿疼。”其实，小兰是因为害怕被班上的小平欺负。

在幼儿园，小兰没有好朋友，她常常一个人玩。她希望自己有一件隐身衣就好了，那样小平就看不到她了。“你在干吗呢？你怎么长得这么小？”小平突然出现了，并用嘲笑的口吻说。小兰什么也没说，低着头只想赶紧走开，但是小平又拦住了她说：“把你手里的棒棒糖给我。”小兰很不情愿，但还是递给了他。小平一把抢了过去。小兰坐在地上伤心地哭了起来。小平还说："你要是敢告诉老师，下回我就把你揍扁！"小平说完得意地走了。

长期受冷落的被忽视型儿童

被忽视型孩子经常表现为害羞、腼腆、被动、孤僻、胆小、逃避等，他们不表现自我，或者过于安静，很多时候都是单独行动，不主动去接近同伴、交朋友，在公众场合不敢大声说话，不敢提出自己的意见、主张，长期遭受同伴的冷落和忽视，甚至老师对其也不注意。

胆小的小雪

小雪认为自己是胆小的孩子。因为楼下的小平妈妈这么说，甚至连自己妈妈也这么说。小雪讨厌跟老师或者邻居打招呼，和别人说话的时候总是低着头，声音小得像蚊子在唱歌。小雪害怕在公共场合说出自己的想法，也不爱和小朋友玩，小雪觉得他们都不喜欢自己。

一天，小雪和妈妈在电梯里碰到了楼上的阿姨，妈妈忙拉拉小雪，说："快叫阿姨啊。"小雪没出声。"你这孩子，真拿你没办法。"妈妈叹了口气说。

如何让你的孩子更受欢迎

作为父母，我们希望孩子有一个良好的同伴关系，成为受同伴欢迎的孩子，为了让孩子获得良好的交往技能，你不妨试试下面的方法。

1.给孩子树立好的学习榜样。

父母是孩子的榜样，如果父母喜欢交友，一方面为孩子接触更多其他人创造了条件，另一方面也会潜移默化地影响孩子。你可以让孩子了解什么样的行为会受同伴欢迎，并给孩子树立好的榜样。

你可以以身作则，亲身示范好的行为，为孩子发展社会交往能力提供耳濡目染的环境；也可以借助一些资源，帮助孩子了解受欢迎孩子的行为特征。比如，通过一些绘本或者电影等，跟孩子一起观察和讨论什么行为是友善的，如何才能合作，互助对交朋友的好处等，鼓励儿童观察学习成人或同伴的某种交友技能，提高孩子的交往技巧。

2.理解孩子的社交困惑，经常和孩子讨论什么是恰当的社交行为。

当孩子有同伴交往之间的困惑时，你要耐心地听他讲，不能去指责他，或者着急给他建议。重要的是让孩子说出来，同时，也让孩子知道，你理解他的感受。

你要告诉孩子，哪些是适宜的行为。比如，愿意为别人提供便利，愿意遵守游戏规则，愿意帮助他人，对人有礼貌，能对人微笑，当别人讲话时能专注地倾听，愿意分享等。同时，也要让他知道什么行为是不适宜的。比如，喜欢捉弄人，不遵守游戏规则，不愿意分享或者不能轮流进行游戏，常常对别人恶作剧或者伤害别人等。

3.欣赏孩子适宜的行为。

当孩子表现出好的行为时，你一定要给予及时的肯定和欣赏。这样做一方面可以帮助儿童树立交往信心，另一方面也是对儿童交往行为的正强化。你可以详细描述孩子的良好行为，告诉他哪些地方让你欣赏，也可以让孩子旁听到你对他的赞赏。

同时，宽容地对待孩子的失误。对于孩子不适宜的行为可以采取忽视或不理睬的策略，但如果是伤害了别人或者自己时，你要马上制止该行为，并告诉孩子在这样的情况下应该如何处理。这样可以使得孩子了解错误的同时，学会正确的行为方法，诸如如何主动与人交往，怎么与人打招呼，怎样参与到游戏当中，发生冲突如何解决等。比如：

✦ 面带微笑，友好地与人打招呼。如："你好！""嗨！你到哪儿去？""你叫什么名字？"

✦ 练习对别人的问好和对别人的要求做出回应。如："我也喜欢小兔。""我也有小熊。""好的，我来帮你。"

✦ 学会参加或邀请他人参加游戏。如："我能一起来玩吗？""我也会搭大桥，我们一起搭吧。""想玩抓人游戏吗？""你可以和我们一起玩。"

✦ 学会赞美他人。如："你的房子画得很漂亮。""你说得对，就按你说的做吧。"

✦ 学会帮助支持他人。如："你拿水彩笔的时候，我可以帮你拿图画书。"

4.帮助孩子学习同伴交往的技巧。

发挥你的创造力，有很多方式可以让孩子进行学习。比如，你可以用角色扮演让孩子学习如何与人交往，让他在面对同伴时更从容。可以是短小的行为模仿，向别人微笑、分享玩具、积极的身体接触或者称赞他人等；也可以是一连串的、情境性的游戏方式，如设置一个故事情景，你和孩子通过扮演具有良好交往能力角色的行为来练习交往技能。

孩子“不合群”真不是他的错

如果在工作中碰到不合群的人，大家总会有意无意孤立他，当小朋友们在一起时，如果自己的孩子总一个人玩，不与其他孩子交流互动，妈妈就会担心，是不是自己的孩子太不合群了。下面是几位妈妈的讲述：

我家宝宝2岁半了，他不爱和其他小朋友玩，当别的小朋友邀请他时，他常常一甩手，继续玩自己的……

平平3岁了，为了让他多和小朋友接触，我请了几个小朋友来家里玩，可他都不理人家，就玩自己的……

我家3岁的小明很慢热，和小朋友玩不起来，但又看得出他很想和其他小朋友一起玩……

从妈妈的描述来看，这些孩子确实有些“不合群”，但千万不要给这些孩子贴上“不合群”的标签。孩子的同伴交往是分阶段的。对于3岁以前的孩子来说，正处于“平行游戏期”，这是他们特有的阶段，妈妈不能简单地把宝宝的行为归结为“不合群”。他们大多数时间就是喜欢一个人玩，哪怕旁边有一个同龄的小朋友在，他们也会相安无事玩自己的，或者更多的是去观察，而不是参与。

孩子为什么会看上去不合群

除了受孩子发展阶段的影响，还有几个原因也会让孩子成为妈妈眼中的“不合群”孩子：

原因1：孩子的认知水平让他们看上去不合群

3～6岁的孩子容易以自我为中心，所以他们会忽视或者拒绝其他孩子想要加入游戏的想法，尤其是在游戏开始后，因为处于游戏中的孩子注意力已经集中于眼前的游戏，他们想象不出新的成员加入游戏后会发生怎样的改变，所以这个时候拒绝其他孩子加入游戏的行为不是有意而为的“冷漠无情”，这只是他们认知上不成熟的表现。所以当我们感觉孩子“不合群”时，孩子不一定是真的不合群。

原因2：孩子不能适应环境的变化

为了避免孩子有什么闪失，孩子平时大都由家里人看护着，不怎么出门，也很少跟小朋友一起玩，这样当孩子上幼儿园时就很难适应变化。在家里，他是全家人的中心，倍受宠爱，但在幼儿园，他所处的地位会发生变化，而如果他在之前没怎么和小朋友一起玩过，就不知道要如何去互动，也可能会因为一些原因处于弱势的地位。比如，有的孩子可能比同龄的孩子体质弱，在游戏中跑得不够快，跳得不够高；有的孩子缺乏和小朋友的社交经验等。对于这类小朋友，父母要创造更多和小朋友交往的机会，可以请孩子的朋友到家里玩，不要担心会闹翻天或者孩子之间出现争执等，要相信这些都是孩子所需要的。

原因3：孩子缺少社会交往的技能

有的孩子已经习惯了家里所有人都让着他，当他和同伴在一起时，需要的不只是与小朋友交往的勇气，更需要一些社交技能。没有人一生下来就知道如何与不同的人交往，在与小朋友交往过程中，他要独自去面对未知的恐惧，解决小朋友之间的竞争、比较和冲突。因此，我们需要有意识地把社会交往的各种技能教给孩子。

帮助孩子发展与人交往的能力

避免孩子成为不合群的宝宝，要正确引导，帮助孩子发展与人交往的能力，妈妈可以这样做：

1.不随便给孩子贴上“不合群”的标签。

对孩子来说，他最初对自己的评价都来自父母，如果你常常称赞孩子，他就会觉得自己很好，反之，如果你总说孩子很不合群，那他也会认为自己是不合群的。

如果孩子有一些看起来不合群的表现，也要找准原因，再给孩子有效的支持。如果你心里总想着或者担心他不合群，即使不说出来，也可能会通过你对待孩子的态度传递给孩子这样的信息，如果孩子接收到这样的信息，就会内化成自己的一部分，在与小朋友交往，需要他主动一些时，那个“不合群”的声音甚至不信任的眼神就会影响孩子，而阻碍孩子去展现自我。所以千万不要随意给孩子“贴标签”，因为这可能影响孩子对自我的评价。

2.为孩子创造交往的机会。

孩子需要和小朋友在一起，才有机会进行交往技能的练习和实践，你可以有意识地为孩子提供学习人际交往技巧的机会。在孩子缺乏交往技能时，你要给予更多示范和指导，让他愿意尝试与小朋友进行交流和沟通。

如果你的孩子一开始还不能和同龄的孩子很好地相处，你可以先帮助孩子，邀请比他更小或者更大的小朋友一起玩。孩子和比自己小的孩子一起玩的时候，更有可能成为领导者，他可以从这种经历中感受自信和成就感；孩子和比自己大的孩子一起玩时，大的孩子一般倾向于照顾比自己小的孩子，因此孩子可以从这种经历中体会到归属与保护。

你可以带上孩子一起外出，让他看到你是如何与人交流互动的。比如，当你们要去朋友家里，你可以提前告诉孩子你的朋友是什么样的人，你们见到朋友可以说些什么。如果有人来你家里做客，你可以提前告诉孩子要来的客人喜欢什么，你希望孩子可以做些什么。当孩子对即将发生的事有了一些了解后，就会减少焦虑。如果你们是在公共场合，你可以示范如何与陌生人交流，如何请求别人帮忙。你也可以鼓励孩子去询问一些信息，或者让他自己购买小东西，这都会增强孩子的信心，让他体验到与人交往并不难。

3.让孩子学会使用礼貌用语。

人人都希望被礼貌对待，你可以在孩子学习讲话开始，就有意识地教孩子使用文明礼貌用语。“请”“谢谢”“对不起”“请原谅”这些简单的用语可以帮助孩子更受欢迎。一开始，你可以示范给孩子，然后鼓励他自己进行尝试。比如，当孩子想要加入其他孩子的游戏时，孩子可以说：

“请问我能和你们一起玩吗？”“请问我能和你一起搭积木吗？”这会比只是眼巴巴地站在一旁看着或者说“我也想玩”更有可能被接受。当孩子得到了别的小朋友的帮助时，说声“谢谢你”；不小心伤到了同伴，真诚地说声“对不起，我不是故意的，请原谅我好吗”。这些简单的语言能够促进孩子间关系的发展，也能让孩子更容易被同伴接受。

4.在游戏中教给孩子进行同伴交往的技能。

每个孩子都是喜欢游戏的，对于你来说，和孩子一起玩也是帮助他们进行技能练习的好机会。我会常常和孩子一起进行故事接龙或者情境模拟的游戏。

我常常用孩子这个阶段感兴趣的玩具来进行游戏，你也可以用你的孩子喜欢的物品进行游戏，像布偶、小汽车或者其他任何物品。比如，如果你想要和孩子一起玩如何加入别的小朋友的游戏时，可以这样做：

先准备两个玩偶，如小熊和小兔，你们也可以给玩偶起个名字。

妈妈说：“小熊和小兔在玩‘过家家’。它们看起来玩得很开心。宝宝是不是也想加入呀？”

宝宝会说：“是呀。”

妈妈接着说：“那宝宝可以跟小熊和小兔说：‘我也想和你们一起玩。’”

于是宝宝对小熊和小兔说：“我也想和你们一起玩，可以吗？”

宝宝说完，小熊和小兔没有反应。

妈妈提醒宝宝说：“为什么小熊和小兔没出声呢？是不是你的声音太小了，他们没听见？”

宝宝又大声说了一遍。

于是妈妈可以假装小熊和小兔回答宝宝说：“啊，不行呀。”

妈妈接着对宝宝说：“它们说不行，你是不是很遗憾呀？”

宝宝可能会点头同意。

妈妈可以假装趴在小熊和小兔旁边和它们对话，然后对宝宝说：“我刚刚问过小熊和小兔了，它们说，它们喜欢宝宝，只是它们现在的游戏只需要两个人。过一会儿它们再和你一起玩。”

然后，你可以继续和孩子演下去。

在这个过程中，让孩子知道，被拒绝并不是他的原因，让孩子更有勇气去表达想要加入游戏的意愿。当然，根据孩子的不同表现，你也可以创造出不一样的剧本。重要的是让孩子可以练习如何和小伙伴一起玩。

最后，要提醒你的是，父母是孩子最好的学习榜样。家庭成员之间的交往也是孩子最初学习交往互动的开始，如果你能做个好榜样，让孩子看到你对人友好礼貌、真诚热情，孩子就会学习到如何更好地与小伙伴交往互动。

你眼中的优秀孩子，为何总被孤立

在成人的世界里，总会有一些人，可能由于经验或者背景很好，给人趾高气扬、不可一世的感觉，人人敬而远之。对于孩子来说也是如此，很多孩子很有号召力，遇事很勇敢，总得到各种夸奖，却不被小伙伴喜欢，甚至别的小朋友一见他就躲得远远的，这是为什么呢？

5岁“小领导”的故事

小元的爸爸是个强势有主见的人，他希望儿子小元也和他一样，能有好的领导才能，于是一直很有意识地培养小元有主见和敢于担当的能力。在幼儿园，老师安排什么事情，小元都会跑在前面，还会指导别的小朋友，常常受到老师的表扬。但久而久之，小元和小朋友在一起时，总是发号施令，不给别的小朋友说话和做事的机会。如果有人不按他说的做，他就会很生气，甚至攻击别人。有什么新鲜的事物，他都要第一个尝试，常常指责别人。时间长了，小朋友就不愿意和他一起玩了，小元也很沮丧。

小元为什么会成为让小朋友远离的人？这可能让小元的爸爸也没想

到。本以为儿子各方面都很出色，却忽略了小元生活在一个集体中，不能只考虑自己的需要，还要能够尊重别人，善于合作，能给别人支持与帮助等，这样才能在同伴交往中让别人愿意靠近你。可是这时，父母要怎么做呢？总不能把小元打一顿或者骂一顿吧。最怕父母这时对他说："别人不喜欢你就算了，你别跟他们一起玩了。"这样做只会让孩子走向孤僻。

首先，我们要看孩子面临这样的境遇时，他的心情是什么样的。不要为了劝慰他而故意去说服他，而是要让他把自己的感受表达出来，和他一起讲故事，或者一起画画。总之，就是要引导他用他可以做到的方式说出来，而不让孩子在心里留有情绪垃圾。你可以尝试问他："当别人做错了，你会感受到什么？是会着急吗？""小朋友不跟你玩，你会觉得难过吗？会觉得是自己不好吗？"

然后，鼓励孩子积极面对，思考问题出在哪儿。这是你和孩子一起面对问题、解决问题的机会，让他知道问题出现不可怕，重要的是如何解决。但在找问题的时候，不能变成对孩子的批判大会，说"都是你不好""你那样说一定会让别人不高兴"……这会让孩子认为自己很不好，从而丧失自信。我们要先肯定孩子的优点，让他知道他在哪些方向做得很好，可以把他的优势部分继续保留，再想想在他所处的那个情境中，他还可以做些什么。有问题不可怕，看看如何调整和转化。在这个过程中，你并不是要直接告诉孩子原因在哪儿，而是要引导他去思考，看看他的行为和结果之间的联系，给予他一些反馈和提醒。

比如，小元在幼儿园的分组比赛中，他带领着同组小朋友想要取得小组第一。他安排着大家的分工和练习，可是大家觉得他控制欲太强了，就不愿意跟他一组参加比赛了。妈妈和他沟通说："你的本意是好的，你想要你们组赢得比赛，你能组织大家进行练习是非常好的，妈妈也很欣赏你积极行动起来的状态。但你们小组是一起参加比赛，他们有没有一些好的想法呢？如果每个人都能贡献一个好主意，那你们小组是不是更厉害，更能拿第一了？”妈妈不是去指责孩子，而是认同他，站在他的角度，提醒他去思考，可以如何更好地达成他想要的。在后来的练习中，小元就会有意地问问其他小朋友，然后一起商量，当每个小朋友都得到尊重，也就没有人排斥小元了。

让孩子有更开放的心态，更好地倾听和表达

除了让孩子积极去面对，还要让他知道如何用更恰当的行为策略，更好地与小朋友进行沟通交流。因为这些孩子往往喜欢成为受关注的人，喜欢控制别人，总是想让别人能够听自己的。他们还没有学会如何站在别人的立场去考虑问题。

小元在别的孩子做错了的时候，总是会去指责别人，他认为所有人都应该和他一样。想让他改变，就先要让他理解不是所有人都和他的想法一样，要允许不同存在。

妈妈问他：“小元，肉和蔬菜比起来，你喜欢吃哪个？”

“当然是肉了。”小元马上回答。

妈妈也知道小元肯定选这个，但妈妈还是问原因是什么。

“因为我觉得肉更好吃。”小元解释道。

“小元觉得肉好吃，妈妈觉得蔬菜更好吃。我们喜欢的食物不同。如果妈妈一定说蔬菜好吃，强迫你吃蔬菜，你愿意吗？”

妈妈对他说。

“不愿意。”小元想了想。

“所以我们两个人可以喜欢不同的食物，对吗？别的小朋友也是这样，他们会喜欢你喜欢的，也会喜欢你不喜欢的，每个人都可以有自己的想法，这没有对错。你可以说出你的想法，别人也可以说出来，但说出来并不是要让每个人都一样。你和你最好的朋友有什么不同？”妈妈引导小元去思考。

小元顺着妈妈的问题想了想，和妈妈继续聊着。

你要用巧妙的方式让孩子知道，想要有好的关系，就要放弃控制，不是要让别人顺从自己，而是要倾听别人的意见。你可以如上面的例子一样和孩子聊天，可以选择编一些相关主题的故事。当然，你也可以有你自己的方式，但不要指责孩子。

你的言传身教，是孩子最好的榜样

孩子每天和我们生活在一起，你的一言一行都在影响他。

小菲妈妈接女儿放学，看到女儿正在很不屑地对另一个女孩说：“你是怎么搞的，因为你太慢，害得我们组又没拿到第一名。真是笨呀。”女孩听了，哇哇大哭。小菲妈妈觉得女儿太过分了，就对小菲说：“你怎么能够这样对待小朋友呀？”

“跟你学的呀，你上次这样说我了呀。”小菲反驳妈妈。

说得好不如做得好，对孩子来说，榜样的力量是无穷的。如果你总是指责别人、否定别人，或者指使别人做这个做那个，稍有不如意就大喊大叫，那么孩子遇到类似情况也容易和你一样，很难用友好、恰当的方式去应对。所以，你要为孩子树立好的榜样，你想要孩子有什么行为，就要先做出来给他看。

要记住的是，不受欢迎的孩子并不是一无是处，他只是需要你的帮助，尝试一些新的方式，他就可以和小朋友相处得更友好。

别让孩子成为总受欺负的对象

担心孩子受欺负是父母都会操心的事，但如果细心观察，你就会发现，我们会常常看到被欺负的总是那一个或者两个孩子。为什么爱欺负人的孩子总会去选择那些孩子呢?

一个巴掌拍不响。一方专横跋扈，一方懦弱消极，他们之间的互动，就好像排演过的，各自认真在角色里配合着。那么，究竟孩子为什么会受欺负？又该如何帮助总受欺负的孩子呢?

为什么受欺负的总是我家的孩子

5岁的小天在幼儿园总一个人玩，或者远远地看着小朋友们玩各种游戏。他谨小慎微，还是经常带着抓痕回家，带到幼儿园的玩具、图书也都常常不见了……

4岁的英英说小朋友老是喜欢欺负她，经常拉她头发，在她的背后贴纸条，往她衣服后面的帽子里塞垃圾，要不就是故意撞飞她的玩具，把她的东西来……

如果一个孩子经常像小天和英英这样遭人欺负，不仅会让孩子的自尊心受到伤害，还会让他长期感到恐惧或焦虑，很容易产生抑郁、退缩等不良心理，也易导致儿童人格、行为习惯等方面的缺陷。

当然，并不是所有的孩子间的攻击行为都是欺负，关于欺负的界定，目前研究者大都认为：欺负是力量相对较强的一方，在未受激惹的情况下，对较弱小的一方重复进行的攻击。

儿童欺负行为通常具有3个特征：有意性、重复发生性和力量的不均衡性。其表现不仅指身体伤害，也包括心理上的伤害，包括恐吓、恶意的玩笑、辱骂、敲诈勒索、起外号、散布谣言，以及孤立和排斥。欺负行为不同于偶尔一次的使坏，它隐含了有规律的威胁和骚扰。

受欺负孩子的特点

孩子为什么会受欺负？一般情况下，我们会认为是由外界因素导致的，比如孩子遇到了有攻击性行为的儿童，或者校园氛围不健康等。但是，随着研究的深入，人们越来越倾向于认为儿童受欺负最直接也最根本的原因是儿童自身的一些让人不喜欢的特点。这些特点让我们对欺负行为有了新的认识。

受欺负的孩子并不都是弱小的

受欺负儿童在性格行为上有别于一般儿童。他们不一定都是弱小的。有攻击型特点的孩子也会成为受欺负的对象。他们常常爱争论，喜欢为所欲为，具有破坏性，过度活跃，对他人带有敌意甚至惯于奚落他人。这些特点不仅让同伴讨厌，还很容易对他人造成侵犯并引发他人的反击，也正因如此，这些儿童在遭到侵犯时往往得不到他人同情，以致这种侵犯行为反复发生。

另一类受欺负的孩子就是那些退缩型特质的孩子，他们常常表现得懦弱、顺从、内向、孤僻、易哭。这就容易给那些攻击型儿童以好欺负的印象，并且因为懦弱退缩的特点，这些儿童在遇到他人侵犯时往往不知道向老师家长求助，反而表现出更多的怯懦顺从的倾向。这种懦弱害怕的表现反过来又强化了他人的侵犯行为。

受欺负的孩子并不都学习不好

一般情况下，我们都认为受欺负的孩子学习能力低下，因为学习成绩不好而被人看不起并受到欺负，但实际上，相当部分学业不良的儿童并不是受害者，而是欺负者。所以学习能力的低下不是受欺负儿童的一般特点。

从现有的研究看，无论攻击型或是退缩型受欺负儿童，他们在能力特点上的一个明显表现是社会能力较低，即他们缺乏处理人际关系的能力，不能正常地和同龄人交往相处。正因为他们不能很好地与同伴进行沟通，不能很好地处理同伴之间的矛盾，这些儿童常常显得难以相处，以致很少有朋友或基本没有朋友，经常处于孤立状态，而这种孤立无援的状态恰恰就是他们遭受欺负的背景。在遭受他人攻击时，这些儿童往往没有朋友可以求助，长期下去，就沦为受欺负者。

受欺负的孩子情绪敏感

受欺负的孩子通常对外界刺激过于敏感，对外界攻击行为的体验感受比较强烈，很容易产生情绪波动和心理挫折感，因此常常表现得很焦虑，情绪也往往很不稳定。那些攻击型受欺负儿童还常伴有爱冲动的情绪特点。受欺负儿童的情绪敏感、冲动常常使他们难以和同伴友好平和地相处，并且很容易引起他人的反感，从而受到侵犯。

受欺负的孩子过于关注自己的弱点

受欺负的孩子在认知上存在偏差，即对一些事物的认识与其本来面目有差异，这实际上也是导致受欺负儿童其他特点形成的一个根本原因，尤其是对自我的认知偏差。

这些孩子常常会过分夸大自身的不足，并且因为过于关注自己的弱点，对自我的评价较低；常常怀疑自己的能力，做事情自信心不足甚至严重缺乏自信，在困难面前往往会否定自己，对外界感到无能为力，并且容易服从于他人。这成为他们遭到欺负的重要原因之一。

他们不能愉快地接纳自己所有的特质，以自己原本的样子来爱自己，因此，也担心别人会不喜欢自己，不接受自己。他们认为自己被人欺负是因为自己不够好，而不是欺负者的问题，有的也会通过攻击性行为发泄由于沮丧、挫折感和焦虑引发的攻击性情绪。欺负人的孩子能敏锐地觉察到这些心理特质，并把这些孩子作为自己欺负的对象。而被欺负的孩子表现得无助、软弱、畏缩、屈服，能让欺负人的孩子得到某种心理上的满足，因此也强化了这一不良行为。

受欺负的孩子容易错误解读别人的信息

受欺负儿童的认知偏差还表现在对他人意图的认识上。在与同伴的交往中，受欺负儿童常常会错误地解读来自对方的信息，总是倾向于认为对方是充满敌意的，容易将他人的意图理解为带有攻击性的，因此自身也往往会表现出一定的戒备和对对方的敌意，容易引起他人的反感并遭到欺负。

如何帮助受欺负的孩子

孩子受欺负也在告诉我们，我们每个人都要为发生在自己身上的事情负起一定的责任，受欺负儿童身上常常表现出的特点不是与生俱来的，促使其形成的因素很多。父母教养方式和生活环境都会对孩子造成影响。那么，面对孩子总被欺负这种事情，我们能做些什么呢？

1.接纳并有效倾听孩子。

孩子被欺负，我们常常会因为心疼孩子而去责备他，虽然我们心里为孩子着急，但这时的责备完全不能帮助孩子。

小七哭丧着脸回家，脸上挂着泪水去找妈妈了。妈妈蹲下身，拉着小七的手说："小七，发生什么事了？我看到你哭了。"小七不出声，只是一直哭。妈妈没有生气，而是温和地看着小七。小七哭了好一阵才说，刚才小强把她推倒了，其他小朋友都笑她，说她是稻草人，一碰就倒。他们都不和她玩了。说完小七还是一直哭。妈妈说："听上去你肯定很难过，想哭就哭一会儿吧。妈妈陪着你。"

当孩子因为被欺负去找你时，你要蹲下身倾听他，让他说出此时伤心和愤怒的感受，并且允许他哭泣，而不是去责备他，说你怎么这么没用，总是被欺负。可能看到孩子的样子你很着急，但你要弄清楚在那个当下，孩子最需要的是什么。

2.让孩子知道，被欺负不是他的问题。

孩子经常被欺负，会让他把自己放在弱者的位置，变得不自信，不爱与人交往。

5岁的小军总是被班上的一个孩子欺负，为此，他总是不想上学，每天去学校都是一次煎熬。小军妈妈通过了解，知道了那孩子在家里总是被爸爸打，所以爱用暴力解决问题。妈妈对小军说："你被他欺负不是你的问题，而是那个小朋友的爸爸很爱使用暴力，认为只有打人才能解决问题，也使他变得爱打人。他打你不是你不好，可能是他在发泄委屈情绪，也可能是他不知道有更好的对待别人的方式。"

妈妈这样说，可以让孩子从更多角度去看待欺负的问题，他会了解到，很多时候，欺负人的孩子通常会感到压抑、孤单、自卑和无价值感，他们有时是因为父母的责骂、惩罚和过度的控制，有时是因为学习和社交中遭遇的挫折。攻击性的行为给他们带来暂时控制别人的力量感，从而暂时缓解他们无助的感觉。所以，常常欺负人的孩子更需要帮助，欺负别人的孩子往往是因为他们自己没有受到善待，他们通过这一不良行为告诉成人，他们需要爱和帮助。

如果让孩子明白这一点，当他们被欺负时，就不会一味地认为是自己的问题。这一点很重要，因为会不会被人欺负，关键不在于年龄大小、身体是否强壮，而是在于你能否在面对欺负者时表现出自信、坚定、不卑不亢的眼神和气度，在于你内在的气势和力量。

3.给孩子支持，并尽可能让孩子去处理问题。

当孩子被欺负时，我们总是火冒三丈，恨不能马上替他出头，教训下那个欺负孩子的恶人。如果你观察那些总是冲在前头替孩子出头的人，会发现这样做只能让孩子更加坚信自己是脆弱的、没有能力的，孩子的表现也会更退缩，更易受到欺负。

小强抢走了珍珍最喜欢的绘本，并扬言珍珍要是敢去要就揍她，还和小朋友一起嘲笑珍珍不敢去拿。珍珍想要回来，但又很害怕，因为小强太高太壮，小朋友们都怕他。

回到家，妈妈认真听完珍珍的描述，说："你讨厌小强，也很害怕他，因为他拿走了你的绘本还让你难堪。妈妈也认为那样做不对，我们一起来想想有什么办法可以让他把绘本还给你，让他以后不再欺负你。"

妈妈这样做，能帮助孩子开拓思路，找出应对欺负的各种备选方案。如果判断孩子受到的欺负不是很严重，就要给孩子机会，允许他自己去处理问题，这样才能让孩子真正成长。当然，这不是放任不管，如果孩子有需要，要给他尽可能的帮助。

4.让孩子学习应对欺负的策略。

当孩子被欺负时，我们常责备孩子说："你不会打回去呀。"其实，这种以牙还牙的方法并没有效果。先要考虑孩子自身的安全，一般来说，欺负人的孩子通常在体能上比较占优势，瘦弱的孩子一般都打不过他，所以使用武力以牙还牙的方法不太管用，而且自卫反击容易使冲突升级，给孩子带来更大的危险。

而有的孩子会选择马上投降或者示弱，在欺负者面前哭泣，或者不敢正视、低头、蜷缩身体，这会让欺负者觉得孩子是容易被欺负的人，在欺负中获得力量感，孩子的这些表现正好满足了欺负者的心理需求，而成为固定的被欺负对象。

既然以牙还牙和投降都无效，那到底要如何做呢？说起来可能很简单，就是要告诉孩子，让他用所有的行为告诉对方，自己不是好惹的。比如有效的非语言对抗法：

✦ 不示弱，展现自信的身体语言。

✦ 不回避，目光坚定，并对欺负者的行为表示厌恶。用坚定的话语和语气告诉他："你不能那样做。"

✦ 寻求支持。要记得安全第一，必要时可以离开或者寻求成人、小伙伴的帮助。

对于总受欺负的孩子，我们除了对他的担心，更要在日常生活中鼓励他自己做主，让他体验到自己的力量，这样他会更自信，也会帮助他更好地应对外来的侵犯。

孩子的攻击行为要区别对待

在带宝宝的过程中，常常看到宝宝前一秒还对妈妈露出醉人的微笑，下一秒却用牙齿把妈妈咬得直皱眉；宝宝正和小朋友玩得开心，却突然把小朋友推倒在地……宝宝这是怎么啦？难不成有暴力倾向？生气了会打人，高兴了也打人，甚至还会咬人。通常我们会强行禁止，甚至“以暴制暴”，但往往不解决问题。

孩子的这些暴力行为在儿童心理学上称为儿童攻击性行为，孩子发生攻击性行为是他在社会性发展中非常重要的内容，随着孩子心理的发展，会转化为积极的部分，比如发展出坚韧、有毅力等优秀品质，但如果不能恰当地应对，只是一味指责，就会阻碍孩子的发展。

打人、咬人并不简单，虽然这样的攻击性行为不受欢迎，却是宝宝独特的社交语言，不要对宝宝的打人、咬人行为一概而论，你要试着站在宝宝的角度，看看宝宝为什么要这样做，并让宝宝学习更好的方式，才能既解决问题，又能更好地支持孩子的成长。

小西的故事

8个月的小西喜欢咬人，是不是有暴力倾向

小西不论抓到什么都会放进嘴里尝一尝，嘴碰到什么都会咬一咬。各种玩具都难以幸免，最惨的是经常弄得妈妈哇哇叫。有时他正乖乖地和妈妈玩，偎在妈妈怀里，妈妈微笑地望着他，他也望着妈妈，突然就会在妈妈的身上咬一口，有时是肩膀，有时是妈妈的鼻子，妈妈疼得大叫，可小西却跟没事人一样。

这个时候的小西可能正在长牙，牙龈黏膜受到刺激会觉得痒痒，由于牙痒而致咬人。另外，这也是他探索世界的一种方式，根据弗洛伊德的理论，这是孩子正处于口唇期，他在用嘴探索他周围的世界，所以他会经常把看到的东西都放到嘴里尝一尝，这个阶段大约跨越了宝宝出生后的前18个月。

如果你的孩子正处于出牙期，要注意宝宝的安全，不要让他把小东西放进嘴里，以免引起窒息。另外，不要阻碍孩子用嘴对事物的探索，你要做的就是保证他所处的环境是安全的，所拿到的东西是干净的，你要对宝宝的玩具经常进行消毒。

但是，当宝宝咬人时，要告诉宝宝被咬的感受，千万不要因为他一开始没长牙咬不疼就跟他闹着玩，你要跟他说："你咬妈妈，妈妈会疼。你可以亲亲我。"随着他的不断成长，就不会用咬人的方式来探索世界了。

14个月的小西明明喜欢表妹，为何一见面就弄哭表妹

14个月的小西和妈妈去10个月的表妹甜甜家玩，小西很喜欢甜甜，一见到甜甜，刚开始走路的小西就赶紧蹒跚地奔过去，甜甜也挥舞着小手冲小西笑着。小西一把抱住甜甜的脖子，可能抱得太过用力，甜甜被这突然的拥抱吓得哇哇大哭起来，小西愣了一下，推开了甜甜，甜甜哭得更厉害了。小西看看甜甜，再看看妈妈，也哭了起来。正在寒暄的小西妈妈赶紧拉开小西，还批评他说："你把妹妹弄哭了自己还有脸哭。"

妈妈根本不了解小西发生了什么，这时小西心里也很困惑，爸爸妈妈每天回家也是这样抱着自己的呀，自己可开心了，甜甜为什么哭了呢？

这时期的宝宝想要对人表示友好，却不能很好地把控自己的动作力度。孩子的互动方式是通过与父母和周围人的相互作用获得的，你要对宝宝的行为做出正确的回应，当宝宝用力过猛弄疼你时，你要把自己的感受告诉他，并示范更恰当的表示友好的方式。比如，拿着他的手以不同的力度抚摩，告诉他哪一种是你喜欢的。

随着宝宝的学习和对自己动作力度的控制，他就会知道如何更好地用自己的肢体语言进行表达，而不会造成善意的攻击了。

24个月的小西推倒了小朋友，为何自己却哭了

小西正在地上玩汽车比赛，果果在他旁边搭积木。小西边玩汽车边不停地模仿着汽车发动时的呜呜声，果果的房子也越搭越

多，最后，果果为够一块积木挡住了小西的车道，小西一把就把果果推倒了，果果吓得哇哇大哭起来。

小西妈妈赶紧扶起并安慰果果，严厉地批评了小西，让他给果果道歉，小西看妈妈很生气的样子，也委屈地哭了。

3岁以前的孩子，还不能很好地把握空间关系，他们常常和小朋友挤在一起玩，虽然大多是各玩各的，但当自己的领地被侵犯后，常常会出于条件反射，推开别的小朋友，或者用打、踢的方式，以争取自己有充足的活动空间。

所以你要理解宝宝并不是真的要攻击谁。你可以提醒孩子如何保持自己的空间进行玩耍，也可以示范如何用语言沟通，比如“你挡住了我，请过去一点点”。当然，要避免这种情况的发生，就要让孩子有足够宽敞的游戏空间和丰富的玩具，让他们可以在一起自主地玩耍。

26个月的小西面对复杂状况，只好推倒了小朋友

小西在小区里排队玩木马，等了好久终于轮到他了，可他刚如愿坐上去，他的汽车掉地上了，他赶快下来去捡他最近一直很喜欢的汽车。当他正准备带着他的汽车继续玩木马时，发现佩佩坐在了木马上，他对着佩佩解释了半天，可小西的语言表达能力还很有限，不管他怎么说怎么比画，佩佩也不下来，小西一着急，就把佩佩推了下去，自己回到木马上，佩佩大哭了起来。

小西妈妈听到哭声，赶紧过来哄佩佩，还让小西给佩佩道歉。小西觉得自己还没有玩完木马，只是想捡回他的汽车再玩，可佩佩以为他不玩了，这么复杂的过程以小西的语言能力还解释

不清楚，情急之下他只能用动作代替语言表达自己想要的了，这就导致了攻击行为的发生。他想说“你让开，别挡着我”“还给我，这是我的汽车”，但是话未出口已推搡或抢夺过来了。

在2～3岁这个阶段，孩子正处于语言发展的重要时期，你要有意识地让孩子用语言表达自己的需要，多提供让孩子练习的机会。比如，在孩子需要喝水时，你要鼓励他说出来，而不是他一指水杯，你就马上递给他，如果孩子不能表达，你可以先示范给他。同时，你也要在生活中强化孩子恰当的肢体语言。

28个月的小西顺手打了爸爸

小西想要吃糖，妈妈不让，小西大哭了起来，妈妈并不因为他哭了就妥协，可爸爸一看儿子哭了，就心疼地上前想要哄哄小西，这时，小西却伸手给了爸爸一个大嘴巴。

小西为什么要打爸爸？可能我们认为爸爸该打，因为他出现在合适的时间，或者说小西太娇惯了，连爸爸都敢打。其实都不是，孩子在情绪不好的时候，比如饿了、累了，或者要求没有被满足时，很容易发怒，甚至动手打人。还有一些孩子在学习新技能的时候和成人的感觉一样，如果遭遇失败，也会因为受挫而出现攻击行为。

作为父母，我们要多与宝宝交流，积极关注宝宝的需要，教给宝宝正确表达情绪的方法。在宝宝学技能遇到挫折时，当宝宝情绪快要崩溃时，父母可以把宝宝抱在怀里，使他平静下来，再贴着宝宝的脸，轻声地鼓励宝宝，让宝宝感受到父母的爱，提高宝宝抗挫折的能力。

有的孩子严重缺乏安全感，通过攻击别人发泄不良情绪，或者想借此引起爸爸妈妈的注意。成人要做的是，不要给他贴上“你是个坏孩子会打人”的标签，在他打人时向对方家长和孩子致歉，及时把自家孩子抱住不让他继续出现攻击行为，平静地离开。同时，及时调整和孩子在一起的时间，给予孩子充分的安慰。给这个年龄段的孩子讲道理是百分之百没有用的。

29个月的小西见妈妈分享了自己的小汽车，生气地踢了表弟

表弟田田来小西家里玩，小西把所有玩具都拿到自己身边，不让田田玩，小西妈妈看不过去了，给了田田一辆小汽车，小西马上就不高兴了，一直用眼睛瞪着田田，还伸手去抢小汽车，田田不给，小西又伸出小脚去踢田田。

这时的打人行为不能怪小西，对于2～3岁的孩子来说，他还不会主动分享，自己的东西常常看得很严，所以对他物品的侵犯会让他采用暴力行为。当你准备邀请小朋友来家里玩时，要有意识地准备充分的玩具，并且不要强行拿走孩子的玩具分享给其他小朋友，你可以拿出你准备好的分享给他们。当孩子渐渐长大，他发展了物权意识，就会学习到如何与小朋友一起分享，也不会因为不能分享而产生攻击性行为了。

孩子的攻击行为要区别对待

通过小西的故事，我们发现孩子出现打人、咬人等攻击行为的原因很

多。而这时如果我们只是说“不要打人”“你怎么又打人了”，这不但不能阻止孩子攻击行为的发生，还会让孩子认为这样做可以引起别人的注意，从而更易反复打人。

孩子打人还有一个原因是他还没有掌握人际互动的方法。当他的语言还不能正确表达自己的思维的时候，情急之下常常出现用有冲击力的身体动作替代的行为。他可能只是表达“你让开别挡着我”“你不要动我的东西”，但是话未出口已伸手推搡或抢夺过来了。

3岁以后，孩子慢慢懂事些了，如果还打人，就要深层次地探究他打人的原因，是不是家里有人常常动手，或者孩子有情绪困扰等，要从根源上杜绝孩子打人的行为。在他每次打人的时候，告诉他不可以，同时告诉他可以如何做。注意，在制止的时候一定要有技巧，不要总强调“打人”的字眼，否则会强化孩子的行为，让孩子认为打人的行为会引起别人的注意。当我们淡化处理时，孩子就会觉得这样做也没什么意义，自然会放弃。

还有一些孩子在幼儿园或者跟别的小朋友在一起时，很喜欢打人，父母为此很困惑，说我们孩子在家不打人呀。孩子有这样的行为是有原因的。在家里，孩子所有的需求一般都能得到满足，他不会有机会与人发生冲突，但在幼儿园或者跟别的孩子在一起时，常常会产生冲突，比如两个人去坐同一把椅子，或者同时去抢夺一个玩具……这些都是发生矛盾的导火线。这时，为了捍卫自己的利益，孩子就会本能地伸手打人。那么，我们应该怎么办呢？下面几种方法，能让孩子更好地管理自己的行为，减少孩子的攻击行为。

让孩子学习管理自己的行为

1.不为孩子的攻击行为创造机会。

孩子具有很强的模仿能力，更愿意模仿喜欢的人，无论是语言还是动作，但如果模仿的对象有攻击性，那就更易导致孩子的攻击性行为。

小志周末见了爸爸的一个警察朋友，他可崇拜了，又让爸爸给他买玩具手枪，又和爸爸一起玩“警察抓坏人”的游戏。游戏时，他是拿着手枪的“警察”，爸爸当“坏蛋”。但是，在和小朋友一起玩的时候，他也喜欢当“警察”，经常在抓“坏蛋”的时候用力过猛，把小朋友打哭了。

对于这种情况，父母要尽量避免让孩子接触有暴力镜头的影视作品，尽量避免提供有攻击性的玩具，比如玩具枪、刀、棍等，要给孩子提供健康的成长环境。

2.示范如何表达自己的需要。

很多时候，孩子之间的攻击大多是由争抢玩具或者活动空间引起的，因为孩子缺乏和同伴交往的技能，又不能完全用语言表达自己的需要，只能通过动作进行暴力表达。

小凡正抱着他最近常玩的皮球，小果看见了马上凑上去也想玩，小凡警惕地看了一眼小果，紧紧地抱着自己的皮球。不料小果还是上前一把推倒了小凡，把皮球抢过来，小凡坐在地上哇哇大哭。

如果你是小果的父母，一定要让小果把皮球还给小凡，否则就是鼓励小果的攻击行为，他会认为：这种方法是得到想要的玩具的有效方法。你要表明自己的立场，让孩子学习到什么是可以的，什么是不可以的。同时，你也要示范如何去和小凡商量一起玩皮球。比如，可以引导小果说：“小凡，我想要玩你的皮球，可以吗？”

3. 不强化孩子的攻击性行为。

有时，孩子故意淘气的行为就是为了吸引父母的注意，如果你不能识别，就会一不小心助长孩子的攻击行为。

妈妈们带着小朋友在小区玩，妈妈们正聊得热闹。突然，小好伸手在苗苗背上打了一巴掌，苗苗“哇”的一声大哭起来。妈妈赶紧抓住小好的手跟她说：“跟你说过多少回了，不许打人，你怎么就是不听，你不知道打人很疼吗？”说着还在小好的手掌上打了一下。

当小好妈妈这样做时，就是在用语言和行为强化小好的打人行为。更恰当的做法是，让小好跟苗苗道歉，并且告诉小好：“你有想法可以说出来，如果不能跟小朋友友好相处，那就只能回家了。”这样小好就会学习选择更好的方式更好地表达需要。

4. 为孩子做出好的榜样。

当孩子出现攻击行为时，家长经常会很生气，通常会“以暴制暴”，但是这样做会让孩子误解，认为如果别人做得不对，就可以打人。

庆庆与小伙伴玩耍时，经常咬人、打人，被打的孩子父母很不乐意。爸爸总是给庆庆讲道理，这次实在忍不住了，狠狠教训了庆庆。“爸爸可以打人，我为什么不能打人？”这是庆庆哭着喊出来的一句话。

父母要给孩子做出好的榜样，管理好自己的情绪和行为，了解孩子攻击行为的原因，让他们看到如何以友好、礼貌、不盛气凌人的态度提出要求，以及如何对别人的要求做出适当回应。

5.鼓励孩子的亲社会行为。

亲社会行为是指人们在社会交往中表现出来的谦让、帮助、合作、分享，甚至为了他人利益而做出自我牺牲的一切有助于社会和谐的行为及趋向，是个体社会化过程中重要的行为。宝宝的亲社会行为是在父母、同伴的影响下，通过模仿、认同、内化等心理机制，在个体社会化过程中逐渐形成的。

妈妈打来热水给奶奶洗脚，宝宝看在眼里，记在心里。晚上妈妈下班回到家，宝宝颤颤悠悠地端来一盆水，嘴里说：“妈妈洗脚。”

这是电视广告中的一个小情节，妈妈的行为感染了孩子，激发了孩子的亲社会行为。所以，父母要多鼓励孩子的亲社会行为，让孩子学会谦让、分享等，这样也能有效减少孩子之间的攻击行为。

孩子有攻击行为不可怕，重要的是要了解原因，正确应对。

第五章

让孩子拥有好的情绪管理能力

因为情绪问题导致的争吵、抑郁、自杀事件越来越多

很多人都深受情绪问题的困扰

孩子常常哭闹、发脾气，或者生气、愤怒、害怕

父母爱孩子，却又总是对孩子发火

情绪到底从哪儿来？有情绪了又要怎么办？

好的情绪管理能力并不是天生的

需要不断地觉察和练习

从自己开始，从现在开始

管理好自己的情绪

也给孩子一个好的示范

让孩子做情绪的主人

当前，不管是成人世界，还是校园里，因为情绪失控导致的恶性事件越来越多，比如校园暴力、自杀事件、抑郁等常有发生，即便没有这么严重，也常常听到老师或者父母抱怨说，现在的孩子脾气越来越坏，真的很难管。

情绪和情绪智力

心理学研究者曾做过一个有趣的实验，他们请来一群4岁的孩子，分给他们每人一颗糖，同时告诉他们："你可以马上就吃，但如果你愿意等一等，等到研究者办完事回来以后再吃，你就可以再得到一颗糖，那么你就可以吃到两颗糖。"研究者说完后就离开了房间。

在实验中，孩子的表现可以分为3类：第一类型的孩子急不可耐，立刻把糖拿起来吃掉了；第二类型的孩子等了几分钟，但实在忍不住了，也把糖吃掉了；第三类型的孩子耐心等待，一直等到研究者回来，获得了第二颗糖。

后来，研究者对这些孩子进行了追踪调查。结果发现，获得了第二颗糖的孩子不但学习成绩更好，还更自信，有更好的人际关系。相比之下，第一类型的孩子怯于与人接触，固执而优柔寡断，容易嫉妒或羡慕别人，因易怒而常与人争斗。

这个实验从某种程度上证明了情绪智力在孩子成长中的重要性。

所谓情绪智力，又称情感智力或者情绪智能，一般指识别和理解自己和他人的情绪状态，并利用这些信息来解决问题和调节行为的能力。在某种意义上，情绪智力是与理解、控制和利用情绪的能力相关的。而情商是用来衡量情绪智力的量化指标，它表示一个人情绪智力水平的高低。听起来有些复杂，我们也可以简单理解为，情绪智力就是管理情绪的能力，情商的高低也就是情绪管理能力的高低。

情绪管理能力不是天生的，是需要进行学习的

在孩子的早期教育中，我们总是很在意孩子对于知识或者技能的掌握，比如孩子学走路时，我们会允许他跌倒很多次，每次都能够很好地鼓励他，让他有更多机会进行练习，但对于情绪管理的学习，却常常被忽略。

这可能因为我们存在一个错误认识：孩子有负面情绪是不好的。我们往往很害怕孩子有负面情绪，而认为让孩子处于开心快乐的状态，才是妈妈应该做的，否则，我们就不是好妈妈，我们总要避免和掩盖情绪的存在。

事实上，情绪没有所谓的好坏对错。如果你认真观察你的孩子，你会发现，小婴儿通常只有愉快和不愉快，他的反应大多是哭，这是为了表达他的需要。但在人生的第一年，他的情绪发展非常迅速。你会发现，大约从

4个月开始，孩子渐渐地会识别你的面部表情。当你笑着用愉快的语调与婴儿交谈时，婴儿表现出愉快的状态，当你生气或伤心时，他也表现出不愉快。到了9个月，他便经历了全部的基本情绪，比如愤怒、伤心、害怕等。

而对于情绪调节，孩子也在不断学习和实践，在3个月左右，他会转移注意力，不去看引起情绪的刺激物，在出生第一年，他会通过吃手指来进行自我安慰，还会发出叫声寻求你的注意。从2岁起，他开始有能力控制自己的情绪。到3岁左右，他就能用语言表达，并在游戏中表达情绪。4岁以上孩子的情绪理解能力有显著变化，对积极情绪的理解要高于对消极情绪的理解，女孩推测他人情绪状态的能力高于同龄男孩，能够运用多种策略来应对同伴之间的冲突情境。

孩子负面情绪太多，会不利于他的成长

我们讲情绪无好坏对错，但如果孩子一直处于负面情绪中，又不能很好地管理自己的情绪，那就会影响孩子的学习和成长。

首先，不当情绪表达让孩子不能有好的人际关系。如果孩子总是一生气就不分场合地点地大吼大叫，或者一愤怒就打人、咬人，或者看见别人摔倒了他却在一旁哈哈大笑，那别的小朋友肯定不愿意和他玩，他的人际关系就会出现问题。

其次，如果孩子的负面情绪累积太多，会影响孩子的认知和学习。如果孩子总有太多负面情绪，表示他有很多需求没有得到满足，那这时，情绪就会对他造成很多干扰，他所有的能量都用于对抗情绪上，比如孩子总是处于恐惧中，他就不能进行正常的探索和学习。

提高情绪管理能力，帮助孩子拥有积极的情绪

我们都愿意和开心快乐的人在一起，这些人大都拥有积极的情绪状态。除了拥有好的人际关系，积极的情绪还有益我们的身体健康，常常伴随着温暖、满足、放松的身体感觉，比如快乐、兴奋、兴趣、满足等。

而消极情绪，比如恐惧、焦虑、愤怒、怨恨、悲伤、仇恨或极度的厌恶、嫉妒等，会阻碍我们思考，会影响心脏功能以及免疫系统、消化系统、激素的分泌等，干扰身体的平衡与和谐运作。美国心理学教授芭芭拉·弗雷德里克森（Barbara Fredrickson）认为，积极情绪对消极情绪有化解作用。也就是说，人们可以用快乐、兴奋、满足等积极情绪来对抗愤怒、悲伤、焦虑等负面情绪。

那么，如何才能建立积极的情绪，避免消极情绪的困扰呢？

1.创设环境，让孩子产生积极情绪体验。

孩子的情绪管理能力如同智力水平一样是可以培养的，如果你在育儿过程中采用合适的方法，可以帮助孩子情绪智力的发展，你也可以选择适当的方法，让孩子体验到积极的情绪，让他知道快乐就在自己身边。你可以给孩子创设一个温暖、舒适、和谐的情绪环境，孩子生活在温馨的家庭氛围中，得到了关心、爱护，获得爱和尊重的体验，心情愉快，就能产生积极的情绪体验。

2.父母不丢情绪垃圾给孩子，示范如何转化情绪。

如果我们不开心，就很容易把情绪垃圾丢给孩子。比如，你下班回家，孩子高兴地冲过来想让你抱抱，你情绪稳定时就会热情地和孩子抱

抱，而如果你在上班时或在回家路上遇见了不愉快的事，这时如果孩子来找你抱抱，你很容易情绪失控，冲孩子发脾气："抱什么抱，我上一天班累得要死。"这就会让孩子不解，他不知道你发生了什么，以为是自己哪里做错了，也就很难有好的情绪体验了。

所以，我们要做情绪稳定的父母。孩子最初是通过与父母的互动来进行学习的，也不是说父母不能有情绪，重要的是你要知道你的情绪在提醒你些什么，你又会如何调整。比如，你知道如果父母总是对孩子有很强的控制欲，或者总是责骂孩子，那孩子也会产生情绪问题。

3.让孩子做自己情绪的主人。

我们常常会对孩子说："你把我气死了！""你只有这么做，我才能高兴。""你又没拿到第一名，我怎么能不沮丧！"……似乎我们的情绪都是由别人控制，但事实上，我们要让孩子明白，情绪是属于我们自己的，除非我们自己允许，否则没有人可以让我们产生情绪，而所有的负面情绪都在提醒我们还有哪些未满足的期待，我们可以如何运用资源满足自己的需要。让孩子知道，别人的情绪与自己无关，我只负责我自己的情绪管理，我可以理解你有情绪，但我不负责让你拥有好的情绪。

> 让孩子知道，别人的情绪与自己无关，我只负责我自己的情绪管理，我可以理解你有情绪，但我不负责让你拥有好的情绪。

4. 在沟通中给孩子美好的体验。

语言是情绪表达的一种方式，虽然小一些的孩子不能完全听懂你的话，但你有节奏的声音、沟通时的神情、动人的语调，以及你说的新奇的词汇都能让孩子感受到被接纳、被爱的愉悦的情绪体验。但是，抱怨、命令、唠叨等消极言语，即使不是直接指向孩子，也会引发孩子的压抑感，让孩子感到焦虑。所以，你可以多和孩子讲话，可以用简短的句子有节奏地说话，并且保持温和的态度，能使他感到被重视。

5. 倾听孩子的消极情绪。

当孩子有消极情绪的时候，不要对孩子的情绪进行评论，不要说“你怎么能这样呢？你应该……”。这时，孩子需要我们的陪伴和倾听，你可以蹲下身来，温柔地看着孩子的眼睛，把他搂在怀里，摸一摸他的脸颊或者脊背，问问孩子是什么事情让他这么不开心。孩子确认了爸爸妈妈对自己的爱，会感觉到安全，当他的不安情绪得到释放后，他会说出自己的感受。当然，这样做既不是让你认可孩子的行为，也不是要你纵容他，而只是允许他有自己的情绪，你可以说：“不论你感觉如何，妈妈都会永远爱你。”你的陪伴会让孩子表达自己的负面情绪，也能够恢复正常的状态。

6. 不要因为孩子冲你发脾气而生气，你应该要感到高兴才是。

如果你了解表达负面情绪对孩子的意义有多大，当孩子冲你发脾气的时候，你就不会感到生气、沮丧或丢脸了。相反，你应该感到高兴，因为你可以帮到孩子了。因为孩子信任你，你能给他带来安全感，他能感受到你们之间爱的连接，他才会找你发脾气，从你这里寻求帮助。

7.不要因为孩子发脾气就马上发火，你要学会管理自己的情绪。

很多时候，我们没有管理好自己的情绪，很容易和别人的情绪共生，别人一发脾气，我们也立刻火了。如果你意识到自己有这个问题，那么平时就要注意，孩子哭闹或者发脾气时，要有意识地告诉自己，那是孩子的情绪，不是我的，孩子只是在表达他的需要，需要我的倾听和支持，那么你就可以情绪稳定地回应孩子。当你这样做，就能让孩子学习到如何有清楚的界限，要做自己的情绪主人，为自己负责。

8.学习欣赏美好，建立积极的情绪。

我们常常为琐事所困，觉得这世界平淡乏味，这种种不快乐的心情，其实是因为我们忘记了欣赏这个世界，欣赏我们所拥有的美好。

大到气势恢宏的高山大海，小到树叶上的一滴晶莹的露珠，还有一个甜甜的微笑……如果用心去观察和体会，这些身边的事物都能令我们感动，带给我们快乐，因为我们的生命和大自然是息息相关的。萨提亚女士曾说过，我们都是同一生命力的明证。你可以带着孩子去公园或者野外，示范如何体验通过视觉、听觉、嗅觉、触觉、味觉带来的美好感受，学会享受生活中那些简单的快乐。

对孩子来说，良好的情绪管理有利于他们健康成长，能帮助孩子妥善处理自己的情绪，并能与他人建立良好的人际关系，更容易产生幸福感。

从现在开始，请给孩子更好的情绪管理示范，让孩子拥有积极正向的情绪体验吧。

让孩子学习应对情绪

说起情绪，我们常常会以正面或者好的情绪来形容高兴、快乐和喜悦，以负面情绪来形容生气、伤心和难过等。当我们有了这样的区分，在养育孩子时，就会理所当然地产生一个期待，那就是，我希望我的孩子是快乐的，没有负面情绪，即使有，也很少或者马上就能停止。

我们这样想基本上是没有错的，我们当然可以希望孩子是快乐、高兴的，这是作为父母对孩子的一份期待和祝福。但当我们有了这样的想法，在孩子生气或者发脾气时，我们就会选择让孩子马上停止，比如我们常听到这样的话：

“这有什么好生气的，好了，别生气了。”

“小孩子不要总是哭哭啼啼的。”

“再哭我就不要你了。”

……

当我们这样做，会让孩子认为有情绪是不好的，也不能很好地管理情绪。要帮助孩子管理情绪，先要认清关于情绪的一些误解。

情绪是一种反应，是让我们更了解自己的信号

我们的身体就像是一个容器，或者你可以想象成一个垃圾桶，情绪就像是我们丢进去的一些垃圾。如果我们只是往里丢，从不去清理，这些垃圾只会让桶撑满，并不会消失。正如一个人不可能不生气，生气也不会消失，生活总是会产生各种垃圾，这是我们生活的一部分。所以，我们会生气、会高兴，这都是很正常的。

情绪只是我们对所经历的人、事、物的反应，能满足我们的需要或符合我们的愿望的人、事、物，就会引起喜悦、快乐的积极情绪体验；反之，则引起悲哀、愤怒等消极的情绪体验。但不管是哪一种情绪，都是在给我们信号，让我们更了解自己，也更好地学习和生活。比如，害怕的情绪会让我们在面对危险的事物时，提高警惕，更好地保护自己；愤怒会在我们面对不利的情况时，提出警示，或者让我们去改变现状。

孩子从出生开始就在体验自己的情绪，不同孩子对同一个事物产生的情绪体验也不一样，比如，同样面对一只小猫的叫声，有的孩子听到后会表现得很正常，有的孩子听到后可能会觉得像老虎在叫一样，后者就会体验到更多的害怕。我们可以循序渐进地给他听各种声音，并陪着他，这样，孩子就会在体验到害怕的同时，有更多好奇，去看见新的可能性。

阻止情绪发生，更易让孩子产生情绪累积和偏差行为

孩子生气了，我们劝他说“别生气了”通常是没有效果的，反而让孩子更生气。这是为什么呢？当孩子发脾气时，去倾听他情绪背后的原因，

帮他认识自己的状态，他才能听得进大人的建议，才能为自己的行为负责。

如果我们可以把任何情绪都看成是孩子的一部分，我们就会允许孩子可以有生气、不快乐的时候。在面对孩子哭闹或者发脾气时，我们就不会只是让孩子停下来，或者去阻止、去压抑，说些“你再哭，大灰狼就会来抓你了”“你再哭，我就不理你了”之类的话。

有的妈妈会发现，孩子会因为一件小事故意找碴儿，最后会情绪爆发。孩子可能并不是因为当前的事情而大发脾气，而是他积压了太多的负面情绪，所以才会爆发。当你阻止孩子生气，并不代表孩子的情绪就不见了，而会让情绪不断累积，然后以另外一种方式表现出来，甚至有的孩子会出现打人、咬人的暴力行为，或者与同伴关系不好等。

允许孩子拥有情绪，但要示范好的情绪表达

如果我们把孩子生气看作他正常状态的一部分，当我们在面对孩子生气或者发脾气时，就更容易去理解孩子的情绪，允许孩子有自己的感受。但要提醒你的是，允许孩子表达情绪，并不表示允许孩子打人、摔东西等行为，我们要允许的是孩子可以有情绪，要站在孩子的立场去同理他的感受，但还是要示范给孩子正常的情绪表达。

6个月的点点哭了，妈妈抱起他，检查了他是否有身体上的不舒服，并看了他的尿布是否要更换，然后喂奶给他。点点不吃，妈妈试着轻摇他，直到他睡着了。

当孩子哭了，我们不是要去阻止他哭，而是要去看是什么引起他的哭。哭的意义也有很多种，我们要理解在这一刻孩子的感受是什么，这样可以更好地帮助孩子。点点妈所做的就是情绪调节，当孩子还小的时候，我们可以通过观察他的动作或神情，判断他需要什么，并提供所需的帮助来调节他的情绪。在这个例子中，点点妈从他的哭声中意识到他很沮丧，在排除身体上的不适后，妈妈通过轻摇来帮助他调节情绪。而对于大一些的孩子，我们则要根据孩子的需要来帮助他调节情绪。

点点长到6岁了，他会噘着嘴、皱着眉，点点妈早已了解到这是点点沮丧时的一种表现，也是想让妈妈关注到他的一种表现，于是妈妈看着他说："我看见你噘着嘴、皱着眉，我想知道你是否感到沮丧了？"妈妈还需要表达什么是沮丧，她说："当我不能做自己想做的事情时，我也会感觉沮丧。"

如果孩子没有反对，妈妈也可以提出一些建议，来启发孩子调节情绪。比如，"你认为放慢呼吸会对你有帮助吗""你想要先休息一下吗"或者"你需要我拥抱你一下吗"。你可以用你自己调节情绪的方式，来帮助孩子学习怎样调节情绪。

教给孩子调节情绪的方法

让孩子学习调节情绪，不只是让他远离或消除那些我们不喜欢的感受，或者是在生气时能马上平静下来，它还包括如何更好地拥有一些正向的情绪，比如快乐、喜悦和爱。你可以尝试这些做法，帮助孩子进行情绪的调节：

1.让孩子识别各种不同的感受。

让孩子知道他此时在发生什么，这样他就可以用恰当的方式表达出来。你可以找个恰当的时机，和你的孩子谈一谈你们做某件事或者在经历某个特殊时刻时的感受，例如快乐、平静、悲伤、好奇等。也可以邀请家人，每个人列出一张有关情绪的清单，也就是写上自己常常会有的感受，并说明这些感受从哪儿来，在什么时候出现。对于小一些的孩子，你也可以和他一起画画，画一些你们每天常做的事情，然后请大家分享自己在做这些事情时的感受。

2.让孩子了解不同状态下的身体状况。

了解了身体的不同表现可以让我们更好地觉察情绪，比如，我们在紧张时会心跳加速，在愤怒时会身体紧绷。

对于孩子来说，你可以通过不同的活动让他了解身体的表现。比如，你可以让孩子闻一闻鲜花或者玩他最爱的吹泡泡游戏，让他感觉身体平静时的状态；也可以在进行了高强度的活动，如跳跃或奔跑后，感受自己快速的心跳。

你也可以引导孩子进行身体的放松，比如，你可以说："现在，我们的身体运转得太快了，我想让它平静下来，让我们试着让身体平静下来吧。"然后通过一些伸展运动或者瑜伽放松练习来引导你的孩子，同时进行缓慢的深呼吸。

3.让孩子更好地面对情绪挑战。

当孩子有挑战时，你要更好地支持你的孩子，让他有时间和空间以安全的方式表达强烈的情感。你也可以制订如何让你的孩子进行情绪表达的学习计划，比如进行深呼吸，或者用平静的语调来说话。

当孩子有激烈的情绪时，你可以等孩子平静下来再去谈论刚才发生了什么，这对他会很有帮助。你也可以让孩子理解自己情绪背后的原因，理解情绪的原因对于孩子管理情绪是很重要的。知道是什么导致我们有不同的感受，是满足了我们什么，还是有哪些期待是未被满足的，可以让孩子了解，自己要的到底是什么。同孩子一起，带着好奇去看看发生了什么。比如：

- 当我们得到我们想要的或者喜欢的东西时，我们会感到快乐。
- 当我们失去我们在乎的东西时，我们会感到失望或者悲伤。
- 当有人不让我们做我们想做的事，或者阻止我们这么做时，我们会感到愤怒。
- 当我们不能做我们想做的事情时，可能是被自己的能力或身体状态所阻碍，比如，身体不够高，够不到架子上的糖果，我们会感到沮丧。
- 当我们的身体静止，而且所有的需求都得到满足时，我们会感到平静。

这样，我们就不会只是阻止情绪，而是透过情绪，让孩子更好地了解自己，也更好地去满足我们的需要。

4.让孩子在与你的生活中学习管理情绪的方式。

对于情绪管理，每个人都会有不同的方式，你可以示范你的特别方式给孩子，也可以用故事帮助孩子进行情绪管理。

每个孩子都喜欢听故事，你可以为孩子讲你的故事，孩子特别喜欢听自己父母小时候的故事。比如，在你5岁时，你得到了一个你最喜欢的毛绒玩具，你感到非常高兴，或者当你失去了最喜欢的玩具时，你会感到很难过。

你也可以选择一些故事书讲给孩子听。你可以分享故事中的主人公是因为什么导致了不同的情绪。比如，故事中姐姐拿走了弟弟的玩具，弟弟会感觉怎么样？他做了些什么？他还能做些别的事情吗？也可以讨论，如果这事发生在自己身上，我们应该怎么办。这些练习，有助于让孩子学习在面对纷争时，如何更好地应对自己的情绪。

而当孩子渐渐长大，有了好的语言表达能力，你就可以和他一起分享你们自己的故事了。今天什么使他高兴？什么使他伤心？有什么事让他生气了？把事件和情绪联系起来，有助于让孩子理解自己的内心世界，同时也有益于提高他的表达能力。

让孩子学习应对情绪要从小做起，但更重要的是你的示范。相信在陪孩子成长的过程中，你也可以收获一个更稳定、更平和的情绪状态。

害羞的孩子，更需要你的帮助

“我家孩子太害羞”“我家孩子在家还有说有笑，一出门就只会往妈妈身后躲”，在现代社会的竞争中，孩子害羞无疑让妈妈着急。

内向或外向，害羞或张扬本是不同的个性，没有优劣之分。害羞只是人内心产生的一种不安的情绪，从积极的方面去看，它还是对害怕失败而形成的一种自我保护措施。

害羞的孩子可能不太擅长与他人交流互动，不太善于表现，但是，他可能细心沉稳，善于观察，心灵手巧。虽然说父母要对孩子有一个接纳和欣赏的态度，但如果孩子过度害羞，就会影响正常的学习、生活和人际关系。

我们的工作和生活都需要与人交往，进行沟通和表达。害羞的孩子往往不愿意与人交往，说话的机会和时间自然比别的孩子少很多，这往往影响语言能力的发展，同时，他们在别人眼里是沉闷而乏味的，因此大家都不太愿意与他们一起玩，会有意无意回避他们，使他们无法很好地融入同龄人的圈子，他们常感到自己形单影只，会有很强的孤独感。

正确看待孩子的害羞行为

强强3岁2个月了，邻居阿姨和强强说话，强强从来都是低着头一声不吭，如果有人要和他亲近一下，抱一抱，强强就会羞红了脸往妈妈身后躲。幼儿园老师反映，当有新游戏、玩具，或者分享食物时，强强也总是保持沉默。

妈妈想到现实中有一些人因为在工作中不敢表现自己而错失机会，因为害羞不敢表达而错过喜欢的人，越想越觉得焦虑，可是怎么鼓励强强都不管用。

如果你是强强的父母，肯定也会为孩子的表现所困扰。孩子到底为什么会害羞？一般来讲，害羞与先天气质有关，有的孩子生来外向自信，有的孩子更沉静内敛。在确定幼儿是否属于因为先天影响更易害羞前，应考虑到他也有可能因为分离焦虑而经历害羞的阶段，即生性害羞和分离焦虑引起的害羞。这两者是有区别的。如果孩子突然对陌生人小心谨慎，或害怕你离开他的视线，则可能是分离焦虑。

大多数孩子一般在会走路后经历这个阶段，通常出现在9～18个月，有些孩子的分离焦虑阶段可能会持续到3岁或3岁以上。分离焦虑是由于孩子的认知发展和育儿环境改变，父母一方离开所引起，当孩子经历完这个阶段就会表现正常，所以不必过分担心。

还有一种情况也是你需要辨别的，孩子从2岁左右开始建立自我意识，开始知道“我”和“你”的概念，在与人互动的过程中会有很多不确定，同时，他也会担心别人是如何看待自己的。这时，他会本能地逃避与他人的交往，在行为上我们看到的就是孩子会躲到妈妈身后，或者钻到妈妈的怀里等。因此，在成人看来的害羞，也正是孩子发展自我、探索和周围世界关系的过程。如果此时父母过分担忧反而会强化孩子对害羞的羞耻感，而变得更加害羞。

不论如何，即使你发现孩子有害羞的行为表现，也不要给孩子贴上“害羞”的标签，向别人大声讲孩子是害羞的，因为孩子可能会将“他很害羞”视为一种评价或者批评，甚至将“他只是害羞”视为一种让自己远离其他人的借口。在面临这种状况时，你可以说“对不认识的人，他需要时间适应”，这样孩子也会变轻松，更好地面对陌生的人和环境。

盲目鼓励并不能帮助孩子

当然，我们看到的是孩子的害羞行为，但行为背后的心理原因更需要你的关注。在外人看来，害羞的孩子好像很害怕别人对他的关注，但在他心里，对关注是既渴望又害怕的，他既想要得到朋友，又要躲着别人才有安全感。他真正害怕的是：别人的关注会以不认同或批评的形式出现，比如拒绝或受伤，所以害羞的孩子对于关注的恐惧就超过了他对关注的需要。

想要又不敢要，到底是什么让孩子有这样的表现呢？往深里探究，害羞的孩子常常对自我是否定的，认为自己不够好。这往往是一切的根源。并且因为有害羞的行为表现而导致他处于不断的恶性循环中。他认为自己不招人喜欢，不善表达，各方面能力也很一般，于是，他会对别人的回应更加敏感，会害怕别人的拒绝或者忽视。比如，认识的人没有和他打招呼，对于正常的人来说，可能不会在意，但他会感到焦虑、受挫或者惶恐不安，于是回避与其他人的交往，但因为回避，去学习人际交往技能的机会就更少，就会更容易被人拒绝，从而更加否定自我，越否定越害怕，越害怕也就越害羞。

要帮助害羞的孩子，我们大都会认为给他们创造机会，鼓励他们多参与一些社交活动，多一些锻炼就好了，但如果你只是把他们扔进社交场合，而不做一些准备工作，对他们来说无疑是雪上加霜，害羞的孩子需要你伸出援手，从多方面来帮助他们。

接纳孩子当前的害羞状态

有些时候，孩子害羞只是他对人、事、物当前的状态。

4岁的小小去参加妈妈的朋友聚会，但当见到妈妈的朋友们时，他却躲到妈妈身后。这时，妈妈总是跟朋友说：“他总是很害羞。”当朋友递给小小食物时，妈妈也总是在小小还未回答前就说：“他很害羞，别管他了，他一会儿饿了自己就吃了。”

小小妈妈跟朋友这样评价小小是不妥的，也强化了小小的害羞行为，也许，他只是需要时间去适应，但你却剥夺了孩子的成长机会。如果你总是对宝宝说“害羞是不好的，要大方一些”，虽然你是出于好意，想让孩子更开放一些，却会让孩子在内心认为，自己是被否定的，他会更在意别人对自己行为的看法，更难轻易去改变。

如果你是小小妈，你可以不用告诉别人孩子很害羞，当他面临与人沟通交流时，如果他没有请求你，就不要去替他回答，让他自己说出自己的想法。当你在行动上给予孩子正确的示范，你会发现，孩子会慢慢改变的。

提供帮助，让孩子更有信心去尝试改变

要让孩子敢于去面对挑战，让他体验到自己尝试后的改变是必不可少的。不必强迫他按照你的想法做事，而是提供帮助，让他可以在适合他能力水平的状态下，得到成功的体验。

> 3岁半的小双害怕与陌生人靠近，即便是爸爸妈妈熟悉的朋友，小双也不能像别的孩子那样在很短时间内就熟悉起来。一开始，妈妈会催促他“快叫人呀，快给阿姨问好呀”，可是这样一来小双更不愿意张口了。

对于孩子来说，见到陌生的人或者来到陌生的环境，他需要一个适应的过程，如果强迫他做他不愿意或者不知道怎么做的事情，孩子就会更加紧张，甚至会觉得你不理解他而与你对抗。

孩子的退缩是完全正常的，只是每个孩子的表现和时间长短不一样。我们期待他可以更自在地与人交流，但可以将目标阶段化。一开始就要求他自在不退缩可能很有难度，但我们可以分阶段一步一步来，比如，让他主动问好或者聊天很难，那我们可以允许他从倾听开始。这样他每完成一

步，就能体会到成功的喜悦，这会让他更有自信去调整他的行为。

在孩子需要时，我们要提供必要的帮助。有些事情，在你看来很简单，但对害羞的孩子来说，却非常困难。比如主动与人打招呼，加入一个游戏小组，请求帮助等，你可以在孩子有要求的时候提供必要的帮助，不要强迫孩子做自己不敢做的事，让他自己决定承受多少压力。你所做的对孩子来说也是一个好的示范。

同时，你也需要教给孩子一些策略和方法，帮助他获得改变，并尝试成功。你要观察孩子，他在拒绝、退缩的时候，真正的意思可能是“我不知道如何去做”。你可以委婉地给一些建议或方法，但是不要强迫他必须采纳，你可以说说你自己的故事，讲讲那时你的心理活动。比如，孩子想加入别的孩子的游戏，你可以说你小时候曾经也想加入别人的小组，但你害怕被别人拒绝，而一直不敢去说。你观察了很久，发现在小组里他们需要一个新的角色，你终于鼓起勇气去争取。当你这样做时，孩子会知道，害羞是人人都会有的，但是可以去做新的尝试来克服。

赞美和鼓励孩子，支持孩子体验到自己的变化

孩子不敢尝试，害怕说出自己的想法，可能是担心说错话会受到别人的嘲笑，或者有过因为做错事受到指责的经历，所以才不敢尝试。

4岁的小悦很少主动和别人讲话，家里来客人了，一开始，小悦躲到妈妈身后，妈妈让她给客人送水果，小悦说什么也不肯。但妈妈发现，她一直都在观察着大家，当阿姨不小心把水杯的水

弄洒了时，小悦马上递过她身边的纸巾给阿姨。妈妈对小悦竖起大拇指，并且说：“小悦观察好细致，并且反应也好快，比妈妈都强呢！”

当孩子在突破自我时，需要你更多的鼓励才会再向前走出最艰难的一步。如果你总是指责他，比如“送个水果有什么难的”“叫声阿姨好你怎么都不敢”，这会让孩子更加觉得自己是不好的，也不敢进行新的尝试。所以，你要将鼓励进行到底，尤其是发现孩子有了改变，哪怕只是小小的尝试，你也要给予及时的肯定。这能帮助孩子认为自己是个能干的、能掌控自己生活、招人喜欢的人，当他发现自己身上优秀的品质和新的闪光点时，这种新的自我形象能让他在社交生活中更为自信，由此可以有更多新的突破和尝试。

最后，要提醒你的是，如果你有个害羞的孩子，不妨先检查一下孩子是否有一个害羞的爸爸或者是妈妈。爸爸妈妈害羞的行为方式会直接影响到孩子。不过，即便如此，你也可以在鼓励孩子的同时做出新的尝试，与孩子共同成长。

别再误解愤怒了，引导孩子处理愤怒

不少妈妈总是在吐槽孩子的各种愤怒表现。“我家孩子一言不合就在地上撒泼，怎么劝都没有用，有时候真的很恼火！”“我家孩子和别的小朋友玩时，常常因为一点儿小事就生气，还喜欢莫名其妙地推、打小朋友，让我觉得很尴尬，这该怎么办？”

孩子为什么会愤怒

愤怒这种情绪我们再熟悉不过了，这不仅是人类正常的情绪反应，也是人类保护自我边界和维护自己权利的一种重要情绪。从轻微的烦躁到如爆炸般的盛怒，很多人会认为，愤怒是一种让人很不舒服的情绪。但是，愤怒是人的一种原始情绪反应，我们离不了也躲不掉。

对孩子来说，愤怒也是最常见的一种激烈的情绪，愤怒的出现也会给孩子的生活带来可大可小的困扰。如果对孩子的愤怒情绪采取忽视或者不予理睬的态度，会使孩子产生生理和心理上的问题。比如，有些孩子的攻击性行为就是因为愤怒而以攻击别人来发泄自己激烈的情绪而产生的；而有些内向的孩子却会将愤怒的情绪锁在内心深处，这种对强烈情绪的压抑则会导致其产生头痛、胃痛或其他身体上的不舒服。

当孩子愤怒的时候，也是他们最需要倾听和接纳的时候，如果你可以帮助孩子经历这样的情绪体验，孩子会明白，发脾气、闹情绪是不能让别人满足自己需要的，他们还可以有更加恰当的方式表达自己的愤怒。但是，我们先要对愤怒有正确的认识。

对愤怒的3种常见误解

认识愤怒，先要了解对愤怒最常见的3个误解。

误解1：愤怒是不好的

妈妈觉得明明总是愤怒。刚折好的纸飞机被弟弟拿走了，明明就忍不住发火了："哎呀，你怎么总是拿我的东西！我还要组一个飞行战队呢！"妈妈说："你这孩子脾气怎么这么急？动不动就发火，以后谁还会跟你玩儿呀？"

在妈妈眼里，明明的愤怒是不好的，但对明明来说，却是他的边界被侵犯后的反应。明明的愤怒是一种正常的情绪状态，也更像是一个信号，在提醒我们有哪里不对劲儿了，需要多加留意。就好像当你的脚掌感到刺痛时，代表你可能受伤了，因此这种痛可以提醒你小心走路，以免加重伤势。又好像当我们手快碰到炉子或者烫的锅边，我们会因感到不适而马上把手拿开，如果我们没有接收到不适的信号，就会更危险。

同样的道理，当我们感到愤怒时，一定是在提醒我们，有某个未满足的需要在等着我们去解决，这无关好坏。

误解2：愤怒需要发泄

小朋友抢了小七的玩具，小七急了就咬了小朋友一口，妈妈很生气地对他说：“妈妈已经跟你说过多少次了，不可以咬人。现在你不能和小朋友一起玩了，我们马上回家。”小七大叫一声：“不！”妈妈不为所动，强行把他抱起来往家走。没想到小七使劲儿扯妈妈的头发，还用手捶妈妈。这让妈妈很吃惊，孩子居然会用这样的暴力方式来发泄自己的愤怒，一时不知怎么办才好了。

小七玩具被抢让他很生气，但妈妈却只是说他，还不让他继续玩，这让他觉得自己很受挫，但他不知道怎么表达，所以才会对妈妈如此下手。

愤怒是一种情绪，总是需要有个出口。就像一个垃圾桶，当我们装了太多进去，而不去释放，那情绪就会自己寻找出口。情绪需要释放，但不等于可以随便乱扔垃圾，对着别人乱踢乱咬、砸东西，或者不分场合地大声尖叫。

愤怒需要表达而不是发泄，当愤怒时，可以告诉别人，你在某一方面受到了伤害，让你感到难过、挫折、不安或者受到打击。你可以有很多种表达方式，比如，用语言表述，写下来或者说出来。但别带脏字，也别说起来就没完没了，让自己和听的人先喘口气……

误解3：好孩子不能愤怒，健康的家庭没有愤怒

小庆妈妈觉得和谐美满的家庭不应该有愤怒的争吵，优雅的

人不应该发脾气，小庆从小就被告诫不允许发脾气。可是，妈妈发现家里的气氛一直怪怪的，有时候听到父子俩大声说话，推门进去就没声了。

这是怎么回事呢？因为家人不想让小庆妈妈看到他们的真实状态。小庆妈妈期待家庭有个好的氛围并没有错，但是如果将不能愤怒作为一个必须执行的规定，就会限制家庭成员的行为。

事实上，可以自由表达自己的情绪，是家庭成员彼此信任、彼此倾听的一个好机会。当孩子可以表达自己的愤怒，而不用担心会失去爸爸妈妈的爱，他会更有安全感。同样，一个有安全感的爸爸或妈妈，会知道自己就算偶尔大呼小叫，也不会失去家庭成员对他的爱。在一个健全的家庭里，子女和父母都被允许表现真实的自己，愤怒也并不是可怕的事情，只是在表达一个重要的信息：这个人觉得哪里不对劲了，他的需要没有得到满足。

如何应对孩子的愤怒

当孩子愤怒时，你可以这样做：

1.接纳孩子的愤怒。

愤怒可能是对当前事物的一种感觉，也可能是一些感受的累积，比如恐惧、沮丧、悲伤等。孩子不可能告诉你说："我怕得要命，就像当年我出生时在妈妈肚子里憋了3个小时那次一样，我被吓坏了。"但只要别的孩子挤碰他，他就会触发情绪，暴跳如雷。那些不好的感受和记忆会留存在他的身体里，一经触动，就爆发出来。好在孩子会用自己的方式试图排除那些使他失常的情绪，如果了解到这一点，我们就能很容易去接纳孩子的愤怒，并理解他，愤怒只是一种表达，孩子需要在表达中释放，带着这样的觉察去看待孩子的愤怒，我们会更加温柔地去陪伴、倾听、帮助孩子。

2.让孩子知道，你愿意理解他的感受。

当孩子发脾气时，你需要保持平静地靠近他，可以拥抱或者抚摩他，用你和孩子都舒服的状态不断地给孩子支持，让他尽情释放，但是不要试图安慰他、转移他的注意力、给他讲道理或责备他。

你可以用你看到的、听到的来描述现状，表达你对他的理解，同时鼓励他说出自己的感受，比如，“我看见你在哭，我猜想果果弄坏了你的小汽车，你很生气，因为那是你心爱的东西，是吗？”但要注意的是，如果你不清楚状况，那就不要试图去帮他分析，你什么也不说也是可以的。

孩子可能试图避开你，想要独自待着，这是因为处于愤怒中的孩子需要确认他不会失去你的关怀。你要坚持接近他，向他表明你要和他在一起，他对你很重要，让他知道，你想要帮助他。

如果孩子要打你或摔东西，你就握住他的双手或抱住他，任凭他挣扎、哭喊，但不要让他伤害到你或者其他事物，让他感受到你的爱和关心，而不是控制他或因他的情绪而生气或者退缩。

如果孩子一直恶言恶语说“我恨你！”“你在这儿让我更生气，快走开！”之类的话，你可以后退几步但不是真的离开，你要告诉他：“看见你这么难过，我很想陪着你。”如果你不走，他只是觉得你很讨厌，但如果你真的走开了，他会觉得你并不是真的关心他。你不走是因为你爱他，要和他在一起度过他最困难的时刻。重要的是你要想办法让他意识到你正在竭力要好好地爱他。

如果妈妈能保持心平气和，给孩子机会发泄出内心的怒气，他就会恢复自信，重新感受到别人的爱。

3.让孩子学习处理愤怒情绪。

孩子总会因为各种原因而愤怒，一味地阻止不是好的方式，要更好地帮助他管理自己的愤怒。

当孩子哭闹过后，他可能会平静下来，每个孩子经历这段过程的时间也不同，一般来说，孩子的愤怒情绪来得快，但是如果你给予足够的接纳和情感的支持，它去得也很快。这时，孩子恢复了小天使的模样，也恢复了思考能力。你可以尝试去和他讨论关于刚刚发生的事，让他学习如何应对愤怒情绪。

首先，让他为情绪命名，告诉他，刚才他感受到的情绪叫愤怒或生气。再一起谈论愤怒情绪带来的身体反应。带着好奇而不是指责的态度，和孩子聊聊刚才他生气的时候身体会有什么反应，比如心跳加速，呼吸更急促，胸口像要爆炸，自己就像是一个大火球等。

其次，带孩子探寻愤怒背后的原因，了解自己到底想要什么。愤怒或者生气会告诉我们，我们内在到底在经历什么，更多地了解才会更好地满足。

你可以通过几个层面去看看孩子在经历什么：

- 他有自己的看法和观点：如果别人不同意我这么做，就是不喜欢我；

如果妈妈骂我，就是讨厌我；如果小朋友推倒我的积木，就是故意气我。

- 他有自己的期待：他想要按自己的方式进行游戏，他期待妈妈能陪他玩一会儿。

- 他有未被满足的需求：可以和孩子一起谈谈他的渴望，比如他生气是想要被爱，被尊重，想要自由等。

最后，你可以和孩子一起讨论，在这个过程中，他是如何看待自己的，比如，他会认为“我真的很笨”“我是妈妈最爱的宝贝”等。

了解了这些，他会学习到如何去看待自己愤怒背后的原因，到底有哪些需要未被满足，自己可以如何更好地应对。他会发现，小朋友不让我一起玩，我很生气，我以为他们不喜欢我，但其实是因为他们现在游戏的人数够了。

4.让孩子学习应对愤怒的方法。

先要觉察自己的愤怒。愤怒就像身体里的一个邮递员，每次来都会告诉自己一些需要解决的问题，我们不需要压抑或对抗，只需要充分地感受情绪。比如，暂时离开那个让你生气的人或情境，闭上眼睛，感受自己的心跳和呼吸。

用恰当的方式进行表达或释放。愤怒是不能够被忽视或者压抑的，但如果只是任愤怒发泄，比如打人、咬人、踢东西或者大喊大叫，这些都是不恰当的方式。因为很多时候，这样没有选择地一通发泄之后，你可能发现大家都不喜欢自己，自己甚至都不喜欢自己刚刚的行为，会心生内疚或者感到羞耻。

所以，你可以让孩子通过学习，用更为积极的方式去转化愤怒。比如，可以平静地告诉别人自己的感受和需要；可以调整呼吸，深深地吸气，再慢慢呼出去；可以跑步、骑车、踢球，做喜欢的运动；可以听音乐、看动画片、画画、读书，做自己喜欢的事。

> 每一次愤怒都是了解孩子的一次机会，也是你与他沟通如何应对愤怒的机会，相信愤怒是孩子的正常情绪，他可以学习更好地管理自己的情绪。

循序渐进，帮助孩子克服恐惧

孩子不敢一个人待在屋子里，害怕关灯睡觉，不敢去碰小猫小狗，见到一只毛毛虫也会吓得大哭，甚至还有孩子大哭说，自己看见了可怕的怪物……日常生活中，经常听到有人这样抱怨、责怪自己的孩子：“你怎么会这么胆小？”

每个人都会有恐惧

事实上，每个人都有害怕的时候，这种现象就是心理学中所说的恐惧的情绪反应。恐惧是人类最基本的情绪之一，是人们对实际的威胁或想象的威胁的一种本能反应。它有助于我们规避危险，控制自己的行为。恐惧的时候，我们的身体会表现出一系列症状：心跳和呼吸加速、血压升高、颤抖、冒汗、脸色变白、胸口憋闷、肌肉紧张等。恐惧使我们无法客观、理智地思考问题。

和成人一样，儿童也会有对未知世界的恐惧。相比我们成人，儿童面对更多的未知，因此，他们会有更多的恐惧，但他们在不同的年龄段会有不同的表现。记得我在带希希出去玩的时候，对于同样的事物，他呈现出了不同的状态。在迪士尼有一条探险船，船摇摇晃晃地行驶在水里，两边建造了不同的景观，一路上会遇见火山喷出的熊熊大火，大大的黑蜘蛛就挂在头顶，鳄鱼张着大嘴游荡在船的周围，还有虎视眈眈的海盗，再加上时不时的惊涛骇浪，总之，就是通过声光电和各种栩栩如生的造型，让你体会到害怕的感觉。1岁多的希希见到这些，睁大了眼睛，只有好奇，一点儿也不觉得害怕；但当3岁的他再去时，听到所营造的声音就怕得不行，全程几乎不敢睁开眼睛；而在6岁时，他已经能够很平常地看待这一切了，因为他知道这些都是人为的，不会对他造成任何伤害。

从不怕到怕的过程

一般来讲，正常儿童的恐惧是随年龄增长而逐渐减少的，但这种减少并非呈简单的直线下降趋势。一些研究显示，儿童早期恐惧随年龄增长而减少后，约在9～11岁又会有所上升。他们在怕什么呢？儿童恐惧心理的发展大致可以归纳为以下3个阶段：

处于5～12个月的儿童，他们主要害怕疼痛和突然的响声，慢慢地会害怕陌生人，害怕与熟悉的人分离。

到了幼儿期，儿童开始害怕一些特定的客体和情境，并呈现出一定的发展趋势。2～5岁时，儿童对突然的响声、陌生的人或物的恐惧逐渐降低或者减少了。但是，随着儿童认知能力的发展，他们对想象中的事物，对黑暗，对一些超自然事件以及有潜在危险情境的恐惧增加了。而且，他们还会通过想象创造出一个虚幻的魔法世界。在这个想象的世界里，人、动物和物品比现实世界中的更可怕。白天一个可爱的玩具恐龙，在夜晚的梦中就会变成一个凶恶的怪物。所以，有时候，儿童的恐惧并不和危险的程度成正比，这也被称为非理性的恐惧。

在第三个阶段，大约从孩子7岁开始，他们的恐惧更趋向社会性与身体有关的事件，如社交恐惧、学习恐惧和身体伤害等。

帮助孩子克服恐惧要循序渐进

恐惧是人类最早出现的情绪之一。孩子在父母的帮助下，渐渐地了解和接纳自己的恐惧情绪，并学会正确地处理恐惧情绪，不仅可以提高他们的情绪管理能力，还会让亲子关系更加紧密。

小东是个很勇敢的孩子，他敢抓毛毛虫，敢把秋千荡得和小树一样高，但是小东不敢去黑乎乎的、幽暗的地方，比如山洞或者茂密的树林，总觉得有什么可怕的怪物正在那儿偷偷地盯着他看。

有一天，他和爸爸在森林公园玩，突然下雨了，爸爸建议去旁边的山洞躲雨，小东犹豫了，他宁肯待在外面淋雨也不想进山洞。“快点儿，小东，这是离我们最近的躲雨的地方了，再不进去我们俩都会淋湿的。”爸爸催促道。“山洞里万一有个怪物怎么办？”小东有些担心。

这时，如果你和小东在一起，你会怎么做呢？

首先，你要接纳孩子的恐惧情绪，并教他认识自己的恐惧。

你可以在生活中适时地告诉孩子经历的每一种感觉，让他更好地了解自己的内心。在这时，你可以尝试问他："你是在害怕怪物吗？我以前也害怕过，可是，我到现在也没见到过什么怪物呢。"然后，孩子可能会说："你说得没错，但我还是忍不住会那样想。"这时你不能跟他讲道理，你要做的是接纳他的恐惧，允许他在这时可以有和你不一样的情绪状态，并且让他知道，感到害怕是没有关系的，恐惧是一种正常的情绪反应。你可以告诉孩子："谁都有害怕的东西，这很正常，比如说我就害怕闪电，重要的是你必须学会怎样让自己不害怕。"

其次，你要教会孩子为自己的恐惧做些什么。

如果只是停留在恐惧里，会发现孩子对于未知的世界会越想越害怕，你可以示范如何为自己的恐惧做些什么。你可以鼓励孩子用积极的思维方式思考问题，看看可以做些什么。

小东可能会接受你的建议去山洞避雨，但他可能还是会有一些害怕的反应，如浑身发抖、心脏狂跳等。你可以跟他说："和我一起闭上眼睛深深吸一口气，我们手拉着手走，我会保护你的。"当他不再那么害怕时，你就可以鼓励他做些新的尝试，比如一起看看山洞里有些什么，有没有什么壁画，或者一起看看地上的小蚂蚁是不是也在着急地进山洞避雨，或者想想等雨停了可以做些什么，想想回家后可以洗个舒服的热水澡，穿着睡衣舒舒服服地躺在床上听故事。

最后，你可以让孩子通过积极的尝试，了解事实，更新自己的认知。

有时候，恐惧源于错误的信念，比如，会因为一些不相关的事物吓一跳。如果你和小东在山洞里听到一阵响声，你可以告诉他："此时，我也很害怕，但我更想去探究真相。"你甚至可以让孩子听你害怕时快速跳动的心。当你这样做，孩子会学到，害怕是正常的事，但可以带着害怕继续前行。可能最后，你们会发现，是因为风或者你们的身体碰到一些树枝发出的声音。

这个过程开始时会让孩子感觉紧张、害怕，你可以大声喊叫，唱歌，努力想好的、有趣的事，最后你们了解了事实的真相，会无比轻松、自豪和喜悦，这些会让孩子感觉自己很棒。

当孩子自己克服了恐惧的情绪，会提升他的自我价值感。通过克服恐惧的成功经历，孩子能够掌握一些克服恐惧的新技能，也会用积极的思维方式思考问题，这些给了孩子信心，让他勇于主动实践。

当孩子嫉妒时，粗暴制止是没有用的

法国文学家巴尔扎克曾经说过：“嫉妒者比任何不幸的人更为痛苦，因为别人的幸福和他自己的不幸，都将使他痛苦万分。”嫉妒是一种自然的情感，是指在别人比自己优越时，或者自己在当下做不到别人能做的事时，所产生的一种憎恨或者不愉快的情绪。那么，孩子也会嫉妒吗?

孩子为什么会嫉妒

3个月的点点，在妈妈将注意力转向其他人时就会有反应，比如会蹬腿或者发出叫声，好像在说：“这是我的妈妈，不是你的。”

3岁的菲菲家有小朋友来做客，为了表示欢迎，妈妈抱起客人小朋友，菲菲却在旁边一个劲儿地扯妈妈的衣服，妈妈没有理菲菲，她就大叫起来，甚至还哭了。

对孩子来说，嫉妒是他们成长过程中常见的心理现象，当别的小朋友比自己强时，他们会产生消极情感体验，比如不安、烦恼、痛苦、怨恨，并企图破坏他人的优越状况。已有的研究发现，3个月的婴儿已经表现出明显的嫉妒心理，到2～3岁时，孩子的嫉妒心理就会表现得很明显、很复杂了，到了5～6岁的时候，有些孩子的嫉妒心就会变得更加强烈。

尽管嫉妒是孩子成长过程中一种可以被理解的正常情绪反应，但如果孩子长期处于嫉妒的消极体验中，就会产生诸如抑郁、多疑、自卑等不良情绪，也容易因此攻击别人，或者想方设法打击别人，这些行为都会严重影响孩子与他人的正常交往，让他成为不受欢迎的人。

在孩子嫉妒时，粗暴制止是没有用的。在孩子嫉妒时，我们常常跟孩子说："别这么小气，你嫉妒别人也没有用啊。"这样粗暴地对待不但不能帮助孩子，还会让孩子更加嫉妒。嫉妒没有用，不等于就会不嫉妒。孩子为什么会嫉妒呢？

一般来讲，我们会觉得是因为孩子的能力太弱。但事实上并非如此，孩子嫉妒与他们对自我能力的认知有关。那些认为自己能力比较弱的孩子反而会比较安分，他们习惯了做弱者，不受关注和表扬对他们影响不大，而那些自认为能力很好的孩子，他们会认为自己很强，只要没有受到表扬或者关注，就容易对其他能力比他们强的小朋友产生嫉妒。

除了对自身能力评估，孩子的嫉妒还与很多因素有关。孩子没有安全感，也会表现出嫉妒。嫉妒是在害怕什么呢？是在害怕失去，害怕自己表现不好会在情感上被疏远。孩子会不断地争取你的关注或者表扬，或者会对物品有极强的占有欲，他们要确定所有东西都属于自己，不能接受别人比他们强，这样他们才会觉得被爱，自己才会是安全的。

由父母的错误养育方式导致的嫉妒

父母的养育方式也会让孩子产生嫉妒，如果父母本身总是传达出不能接受别人比自己好，忽略孩子心里所想的，或者故意讨好孩子，都容易助长孩子的嫉妒。最易被忽视的是以下几种：

1.父母对其他孩子的夸奖强化了孩子的嫉妒心理。

对于正在发展自我价值感的孩子来说，他还没有形成好的自我评价，期待的是父母对他的认可，这时如果将孩子与别的孩子进行比较，就易让他产生嫉妒。

3岁的小甜和邻居家的小朋友果果一起画画，为了让果果感觉受欢迎，妈妈一个劲儿夸奖果果画得好、画得认真，于是小甜伸手拿过果果的画，飞快地用画笔在上面横七竖八地乱画一通……

小甜这么做自然会招来妈妈的一顿责骂，但她想的是，妈妈夸奖果果的画，难道我的就不好吗？自己没有得到夸奖的嫉妒让她破坏了果果的画。因此，要尽量避免当着孩子的面进行比较，即便这只是无心之举，也会对孩子造成影响。要多肯定孩子的长处，不要因为要照顾别的孩子而忽略了自己的孩子。

2.父母故意输给孩子易让孩子心生嫉妒。

玩竞争类游戏孩子都想赢，这时处理不当也容易让孩子产生嫉妒。父母总让孩子赢是一种常见的行为，有时是为了让孩子高兴，让他觉得自己很厉害；有时是为了省事，因为好胜的孩子如果没有赢就会缠着你一直玩下去。这种给孩子营造的长期赢家的假象会让孩子不敢也不愿意承认别人比他强，一旦输了，就会嫉妒赢的一方，有时甚至在输了后去伤害别人，使自己陷入更恶劣的处境。

3.父母强迫孩子迁就易让他们产生嫉妒。

对大多数孩子来说，与人分享东西就意味着自己少了一份，尤其是被父母强迫自己与别人分享，很容易因此触发嫉妒心。有时我们会要孩子让着客人或者让着弟弟妹妹，比如：

吓唬孩子——“点点比你小，又是客人，你要让着他，给他玩一下你的玩具，不然我们以后就不喜欢你了。”

故意让孩子吃醋——“宝宝，你再不好好吃饭，我就把它都给妹妹吃了。”

强迫孩子——“你都是大宝宝了，怎么还和弟弟争啊？”

孩子都希望独占父母的爱，不能客观分析，也不会进行自我调节。他心里会想，爸爸妈妈不爱我了，都是弟弟妹妹不好。他会因此产生嫉妒，行为也会出现相应变化，比如哭闹、搞破坏、伤害别人等。

当孩子嫉妒时，唯有正确引导

孩子嫉妒怎么办呢？通常情况下，这是一种正常的心理状态，你大可不必过分担心，但如果已经影响到孩子的生活和人际交往，那就有必要进行引导，让宝宝走出嫉妒的困扰。

1.满足孩子的真正需要。

禁止嫉妒并不能消除嫉妒。孩子嫉妒时，你不能只是指责他，而是要带着好奇，去了解他更深层的心理原因。你可能会发现，在他的需要不能被满足时，他常常会产生嫉妒的心理反应。你可以听听孩子的真实想法，也可以直接和他探讨。比如，“你是不是觉得妈妈抱别的小朋友就不爱你了？”这样直接说出孩子心里的担心，会帮助孩子更好地了解事实的真相，也能让你更好地满足他。

同时，你也可以让孩子明白，别人来我们家做客，我们要表达我们的欢迎，所以会抱抱他。当然，你不要期望你讲一次孩子就会明白，这和孩子的移情能力有关，并不是他不愿意明白。

你充分的关注和爱能使宝宝产生安全感和信任感。特别是当与其他小朋友在一起时，你要注意自己的态度和行为，不要对别的孩子太亲热而冷落了他，引起他的嫉妒。同时告诉他，你爱其他小朋友，更爱自己的孩子，这样他和其他小朋友才能友好相处。

2. 让孩子更加相信自己。

孩子的自我认知通常来自父母或者其他成人，但我们要让孩子逐渐养成好的自我评价，让他明白，即使自己没有得到关注和表扬，自己的进步或者优点还是存在的，只要愿意，还可以做得更好。

不自信的孩子往往容易产生嫉妒心。如果孩子能看到自己的优点，相信自己在某些方面是可以提高的，这样就会更有安全感，自然就会远离嫉妒。自信的孩子也会愿意看到别人的长处，听到别人受到表扬时，他也会更愿意去接受。

当然，不能因为要让孩子更自信，就一味地夸奖孩子，过分的赞赏会让孩子形成不恰当的自我评估。当孩子有需要调整的地方，也要指出来，但不能以不爱他去威胁孩子。

3.帮助孩子提高自己的能力。

你要观察孩子，如果孩子在某些方面需要提升，那你就要给他提供必要的支持，但对敏感的孩子来说，你不要当着别的孩子的面去指责孩子或者对他指手画脚，除非他主动找你。你要示范或者告诉孩子，如果我们要比别人更好，就需要多一些努力，多一些练习。

比如，如果孩子因为骑脚踏车总是比别的孩子慢而产生了嫉妒，那你就可以和他一起商量，做出针对性的练习计划来帮助提高他骑车的技能。

4.不要害怕竞争，你可以决定你要如何应对。

生活离不开竞争，要鼓励孩子参加竞争型游戏，在有输有赢的比赛中，适时引导孩子去欣赏别人的闪光点。别人在某些方面比我们强是正常的，我们可以示范给孩子，我们会如何应对。我们可以做出选择，要么我们接受别人在这方面比我强，要么我们进行练习，提高自己的能力。如果可以的话，让孩子多参与一些竞争类游戏，让他多一些机会体验成功与失败的转化，明白这都只是一个过程，你比别人强或者别人比你强都是正常的。要把嫉妒转化为进步的动力。

我在和孩子玩游戏输了时会说："恭喜你赢了。我输了这一局，我好难过，我要想想下一局怎么赢回来。"不要因为孩子小就让着他，要在游戏中让孩子知道有输有赢，并知道如何对待输赢。这样的示范我在和儿子游戏时一直坚持，后来，他就会回应我说："没关系，你做得也很好，相信你下一局一定能赢回去的。"

陪伴总是哭泣的孩子，并不复杂

当孩子开始哭时，我们会心烦、恼火、不安、厌倦甚至愤怒。我们想立刻止住他的哭声，会尽力哄他，试图说服他，甚至责备他。当妈妈无计可施时，会怒吼一声“别哭了”。孩子也许会安静下来，可他仍然不高兴。妈妈又气恼又心疼。孩子为什么会哭？妈妈应该如何应对呢？

小宝宝哭泣是一种需要的表达，我们可以理解，但对于已经会用语言表达的孩子来说，总是哭哭啼啼就很烦心了，并且，很多时候，孩子总为一点儿小事哭泣，我们会想出很多办法想要立刻止住他的哭声，我们会尽力哄他，试图说服他，对他说这点儿小事没关系。如果他还是哭，就责备他说，为这点儿小事哭可真傻。我们以为只要止住孩子的哭声麻烦就过去了。

但事实上，有过同样经历的妈妈会知道，情况并非如此，孩子可能会安静下来，但仍然不高兴，会长时间情绪低落，打不起精神，不再信任别人，对一切都不满意。父母也为此感到气恼，大家的生活都会受到影响。这是为什么呢？

不同做法的结果完全不同

厨房传来欢欢的哭声，妈妈急忙跑过去，看见欢欢在地上坐着，旁边一个小凳子翻了。如果你是妈妈，你会怎么做呢？

做法1：妈妈拉起欢欢，检查他有没有受伤，然后跟他说："别哭了，都没受伤哭什么呀，厨房很危险的，不要在这里玩。"

做法2：妈妈拍拍地上的小凳子说："小凳子呀，你怎么又让欢欢摔哭了，你真坏。"然后把欢欢抱了起来。

其实，上面的两种做法都不恰当，第一种做法并没有关注到欢欢当前的情绪，并不允许欢欢的情绪表达；第二种做法让欢欢把自己产生情绪的原因归结为其他物品，这样做让欢欢不能学习到如何为自己负责。我们一起看看欢欢妈妈怎么做的：

欢欢妈妈一看就明白了，但她什么也没说，轻轻地走到欢欢身边："来，让妈妈看看有没有伤到。"妈妈仔细检查了欢欢的身体，没发现异常，欢欢却越发哭得厉害，妈妈把欢欢抱在怀里，轻轻拍着他的后背，直到他慢慢平静下来。

在这个过程中，我们可以看出：孩子不会一直哭泣，他只是需要通过哭泣进行情绪的释放，并恢复到正常的状态，这是一个情绪自然康复的过程。

对孩子来说，当自己处于难过或者困难状态的时候，有亲近的人在身边，会感到支持和关心。正如欢欢，在妈妈怀里，会越发哭得厉害，这是他在通过哭泣缓解不安，一旦他排除了烦恼，他就又可以正常地游戏和生活了。

妈妈并没有责怪欢欢乱动东西，也没有劝慰孩子不要哭，更没有要他长记性，不能到危险的地方玩。妈妈只是陪伴着他，允许他哭泣，妈妈的这种行为有利于欢欢从所受的伤害中恢复，并感受到自己是安全的，无论发生什么事，妈妈都会支持自己。

你要相信，哭泣能愈合创伤。当你给孩子机会排除自己受到伤害的感觉，之后他会变得更坚强和自信。不要害怕孩子总是哭泣，你要做的，就是留在他身边，提供他所需的支持，使他在整个过程结束时，重新充满信心和希望。所以，在孩子开始哭泣时，我们应当停下手上的事，去帮助他经历这个情绪修复的过程。

要保证孩子的安全

当你发现孩子在哭泣时，你要先检查孩子身体方面是否受到损伤，或他所处的环境是否有危险。如有，要立即采取相应措施。有时候，你可能会发现孩子会害怕某个特定的事物，你要让他知道，你一定会保护他，不会让他受到伤害。比如，孩子害怕虫子，你可以对孩子说："虫子只是在找吃的，它喜欢吃树叶，所以它不会伤害你。"孩子在担心他受伤的膝盖，你可以对孩子说："你的膝盖很快就会好的，等我们回到家你就不觉得疼了。"

当然，即使你说了这些，也不要期待你的这些话会止住孩子的哭泣。但孩子在通过宣泄重新获得安全感的过程中，的确需要听到你的安抚式的保证。

要允许孩子哭泣

很多时候，当孩子哭了，我们总想对他说点儿什么，好让他能安静下来，否则我们就会觉得没有安慰和支持孩子。

其实，在孩子哭泣时，你不需要刻意说什么，只要靠近孩子，轻轻地搂住他，并温柔地抚摩他，如果他愿意，你也可以把他搂在怀里轻轻地摇，或不时地亲吻他的小手。最重要的是，要让你们的目光相接，他在愿意时能望到你的眼睛。温柔的抚摩和饱含爱意的目光是我们可以给孩子的最有力的支持。当然，你的孩子也许会希望用别的方式，你们之间也许有特别的互动模式，但重要的是要让孩子感受到妈妈的爱。

要有安稳的状态，不要流露出不安，也不要给予忠告

孩子哭了，我们因为心疼孩子，不想他再因此受到伤害，所以会很急躁。比如，面对摔倒的孩子，妈妈可能会责备或者给他忠告："跟你说过多少次了，有水的地上容易滑倒，你就是不听，下次千万要记住了。"如果孩子哭得久了，妈妈可能会被孩子的情绪激怒。

妈妈可能忽略了，孩子既然来到你身边，就是想要寻求你的帮助。你只需搂着他，听他哭，看这个过程中他需要什么。对于孩子来说，当他哭的时候，他的注意力完全集中在自己的感受上，对四周事物全不在意。你的忠告只会分散孩子的注意力，让他无法完成他情绪释放和自我

修复的过程。有时候你的责备和忠告还会加深他受到的伤害，让他觉得自己很没用。

当孩子哭够之后，重新感到安全和自信，会急切地想知道刚才到底是怎么回事，所以你只需点到为止，说句“你看刚才摔倒的地方有水”就足够了。畅快的哭泣已经荡去孩子由于意外的摔倒所感到的紧张与不安，他现在能自信地回答：“噢，我是在有水的地上滑倒的。妈妈，下次在有水的地方我会跑慢一点儿。”

引导孩子说出他的感受

孩子放声大哭或者小声抽泣都不是无缘无故的。他们觉得难过、委屈，委屈越深，孩子越不容易开口谈。你要告诉他，你愿意了解他的烦恼，有时当你说完以后，孩子只是大哭不止，许久也说不出一个字来，不过，你仍然能凭借他的表情、哭泣的声调、他看你时的眼神等大致推断出他的烦恼所在。你可以做孩子的一面镜子，把孩子的情绪状态原原本本地映射出来。比如：

“你看上去很生气。”

“听起来你非常失望。”

“看起来你好像很不喜欢这个过程。”

……

对于处在情绪困扰中的孩子，这样的话是最有帮助的。它清晰地显示了孩子的情绪。你这样说是为了让他愿意张口表达自己，对于小一些的孩子，也能学会识别情绪，为自己的情绪命名。

不对孩子的情绪进行评判

当孩子表达了自己的情绪，你要注意的是，绝不要批评、说教或者着急给出意见。

对大多数父母来说，这一点太难做到了！我们总是习惯从自己的角度去做评判，比如，在孩子伤心时对他说“为这点小事伤心不值得”。是否难过伤心是孩子的事，孩子是不是觉得疼，他自己有感知，你替代不了他。最好对孩子说“你这样伤心我很难过”，或者说“你不好受，我就在这儿陪着你”。这样就给了孩子机会去体验自己感受到的情绪。而类似“别觉得委屈了，是你自己先动手的”或者“不就是冰激凌掉地上了嘛，别像个小宝宝一样哭个没完没了”这样的话只会让孩子感到羞辱。

不要计较孩子的抱怨

孩子哭闹时，你会听到他抱怨你或其他人。比如，孩子可能会说：“你很讨厌，你总是不让我玩！”“我不要你这个坏妈妈！”“我恨你，你是最坏的妈妈！”……不要对孩子的抱怨太在意，在他通过哭释放自己情绪的过程中会想要表达，他这时的抱怨和否定只是为了释放他心中不快的情绪。

允许孩子畅快地哭，让他更好地转化自己的情绪

有的妈妈常常疑惑，孩子一哭起来就没完，我越关注他，他就哭得越久。真的是这样吗？对孩子来说，一开始他是为刚发生的事哭，然后可能想起以前的伤心事而哭。还有可能是，如果他从未被允许这样哭过，他会哭得很厉害，时间一般达半个小时到一个小时之久。他为这样的机会已经等了很久。你的表现越温和慈爱，他哭得越久、越厉害，因为感受到了你的支持和关注，他要充分释放自己的情绪。就好像当成人遇到困难时，他人不期而遇的关心也会使人落泪一样。孩子也是，当他越觉得自己是安全的，就越会呈现自己真实的情感，在哭完之后，会很快恢复轻松愉快。

陪伴一个哭泣的孩子本身并不复杂，你只需把他搂在怀里，允许他哭出内心的委屈。但操作起来却很不容易，孩子的激烈情绪也许会触发我们自己的情绪。因此，我们也需要时时关注我们自身的想法和感受，以恰当的方式释放我们的情绪，以更好的状态去陪伴孩子。

第六章

让孩子的生命绽放

我们爱孩子

不因他是胖还是瘦，是高还是矮

我们相信，孩子是一个独立的生命个体

当我们放下控制，多些信任，愿意把自主的权利还给孩子

孩子就会有更多的自主性和责任感

当我们不纵容、不包办，给孩子恰当的爱

孩子就会拥有爱的能力，学会爱自己和爱他人

当我们能够示范如何更好地关爱自己

孩子就会愿意多一些好奇，去享受生命的美好

每个孩子都拥有生命绽放的权利

在爱中得到滋养

放弃控制，让孩子拥有生命的主权

我们知道孩子是独立的人，但在面临突发事件或者有压力的时候，情况就大不相同了。我和朋友一家在公园玩，发生了一件特别有意思的事：

朋友家3岁的小雨不小心摔了一跤，孩子可能觉得很疼，哇哇大哭起来，引得旁人纷纷张望。妈妈赶紧一把拉起小雨，左看右看，检查着小雨的身体，没见到什么伤。一旁的爸爸受不了了，着急地说："不过摔了一跤，又不疼，你哭什么呢？大家都笑话你呢。"

小雨含着泪，止住了哭，但突然又忍不住哭得更大声了。爸爸不耐烦了，大声说："别哭了，要像个男子汉，别总哭哭啼啼的。"妈妈也有些生气了，说："别哭了，再哭，一会儿不给你买玩具了。"小雨一想到玩具，就止住了哭。

这可能是一个很寻常的场景，但在这个过程中，你能看出爸爸妈妈在无意中控制着孩子吗？看上去，小雨的父母好像明白小雨的感受，"你不疼"的话语可能是他们想要安慰小雨，他们用自己的感受替代了小雨的感受。但小雨的感受是不一样的，他会认为：“我摔了，明明很疼，为什么爸爸说不疼呢？”如果他总是相信父母的话，“我不疼，我没有受伤”的认知一旦形成，他可能会不再信任自己，不再去感知身边的事物，因为自己的想法是错的。如果他总是受到这样的对待，他就会放弃感觉和思考，不假思索地相信别人的命令的想法，或听从别人的命令行事。

这也容易让孩子有不恰当的自我认知。在父母眼里，小小男子汉摔倒了也不该哭，没什么可哭的，忽略了哭是一种情绪表达。因为摔了很疼自然就会哭，可是爸爸说哭不好，是很丢人的，于是小雨会去相信这样是不好的。如果小雨总遇到父母对他自我体验的否定，就会慢慢变得无法体验自我、认识自我，只会接受别人的评价。

对孩子来说，父母是神圣的。孩子的自我认知是从父母开始的，父母容易用自己的感觉和想法去猜测和管教孩子，却在不经意间“抹杀”了孩子的个性。不是自己的真正感受却要被别人说成是自己的感受，明明是自然的情绪表达却是不被允许的，这不是很荒唐吗？有谁能比孩子自己更清楚自己的感受呢？

藏在爱背后的控制

有人会说，既然控制孩子不好，那我们不控制就好了。但真实情况是，很多时候我们并不知道我们在控制，控制并不只是“我说你听，我要你怎么做你就怎么做”这种显而易见的方式，我们会隐藏起我们的控制，用一些不易觉察的方式对待孩子。常见的有以下几种：

1. “我不想你受伤。”

这看起来很难与控制孩子联系在一起。但这样的情景你肯定不陌生：刚学会走路的宝宝被茶几上的杯子吸引了，他歪歪扭扭地走过去，刚拿起杯子，妈妈就说：“小心，你会把杯子打碎的。”并强行从宝宝手里抢走了杯子。

看起来，妈妈的做法是为了避免孩子受伤，但这类行为却残忍地剥夺了孩子自我发展的权利。孩子通过触摸去感知事物，随着活动范围的扩大，他会出现很多探索的行为，会对周围的一切都觉得新鲜和好奇，见到什么都想要去摸一摸、尝一尝。如果我们限制了他的行为，也就让他失去了学习的机会。

我们可以为孩子提供尽可能安全的环境，并示范引导他学习以恰当的方式规避危险，让他有更多自由探索的空间，自己做主。这样，我们不仅可以保障孩子的安全，还可以保护他自我探索的积极性，提升他的自我价值感。

2. “我是为了你好。”

我们很爱孩子，所以尽可能地为孩子着想。即使有些行为让孩子心灵受了伤，我们也可以很轻松地找到辩解的理由。比如，最常见的追着宝宝喂饭：“来，宝宝乖，再吃一口。”或者到了睡觉时间，孩子还在闹腾，不肯上床睡觉。一开始，妈妈可能还温和地哄着宝宝，但时间一长也难免双目圆睁怒斥宝宝，甚至在他的小屁股上拍几下，以让他早点儿入睡。毕竟，我们这样做是为了让他身体更健康，让他吃得好、睡得好是基础呀。但我们的强迫让孩子感觉被操控。吃饭睡觉本是很正常的事，孩子有自己的规律，他不饿你怎么追也没用，他不困你再怒也无效，你要做的是做好准备，满足孩子的这些需要。其他只要是不涉及安全的原则性问题，就可以尽可能地让孩子自己做主。

让孩子自己做主也不是完全不参与，我们可以提供选择，如果孩子可以自己选择，就不会有被操控的感觉，他就会愿意配合。当然，如果是原则性的问题，或者孩子也不愿意配合，我们可以采取“温柔地坚持”的方式来解决问题。即态度很坚决，但是执行的方式温和而平静。当孩子了解到父母的底线，他就会很聪明地停留在底线之内。

3.“我来帮你。”

这种行为模式看起来很友好，但对正在发展能力的孩子来说，背后却包含了另一层意思：“你不行！你做不到！我比你强！”

最典型的场景是，2岁左右的孩子大都会有非常强烈的意愿，就是什么都想自己做。“不，不要，我来。”这是他们常说的话，但我们却常常忍不住想要去帮他。比如，小宝在艰难地剥橘子，口水都滴到橘子上了，但就是剥不开，你看在眼里，急在心上，于是免不了很迫切地帮忙：“小宝，你剥得真慢，我来帮你吧！”小宝可能会因此生气地大叫，甚至哭闹。此时，我们可能根本就意识不到，我们如此好心，却在无意识中触犯了孩子，还会让他觉得自己是不行的。此时孩子正处在自我意识萌芽的阶段，他要体验到自己做主的感觉。只要不是涉及安全的事情就尽可能让他自己去做，他所做的每一件事都是他探索学习的过程。即使有时可能会搞得一团糟，但那都是值得的。经历了这样一个不断挑战各种新鲜事的过程，你会发现孩子各方面的能力都得到了提升，他变得越来越自信了。

当然，你也可以和孩子确认："小宝，你是想自己剥橘子，还是妈妈帮你剥？"或者在他请求你帮助时去帮他。记住，不要为了节省时间或者要求完美，不经孩子的同意就替他做所有的事情。

4.奖励或者惩罚。

我们愿意为孩子做任何事，不过很多时候我们也不知道如何做才更有效，于是，很多人喜欢以"你再怎么样，我就怎么样""你怎么样，我就怎么样"这样的说法来控制孩子。这样的说法有很多。比如：

"你再……我就不要你/不爱你/不理你了。"

"你再……警察叔叔就来抓你了！"

"你再……大灰狼就来吃你了！"

"你再……我就不给你买玩具了。"

孩子听了，马上就变乖了，我们的目的也达到了。孩子害怕那些可怕的事情发生，只能勉强就范，但这种"狼来了"的控制模式很快就会失效。因为随着孩子生活经验的增长和认知的发展，他会知道你说的都不是真的。

这样的方式会让孩子养成讲条件的习惯，还会导致孩子不再信任家长。如果一个人只是为了满足别人而活着，那他自己一定是痛苦的。如果不希望孩子成为那样的人，我们就需要让孩子明白，我们对他的爱永远都是无条件的，不会因为时间而改变，也不会因为他做了某些事情而改变。即便他的某些行为我们不认可，也要让他知道，我们不能接受的只是他的行为，而不是他这个人本身，他需要改变的也只是这个行为。

对于孩子来说，他有着自己的发展规律，他知道自己要什么，我们只需要提供相应的环境，并陪他去经历。换句话说，如果孩子可以感觉到自己对生活有某种程度的控制、承担着一定的责任，他就会更好地去发展自己的各方面能力，成为一个独立自主的人。

不包办不纵容，赋予孩子爱的能力

爱与被爱是我们不可或缺的。生命得以继续，生活得以美满，都和爱相关。

我们喜欢看那些悲欢离合的爱情电影，对那些爱情歌曲百听不厌，我们得到爱也给予爱，我们愿意我们的孩子也能因为爱变得更勇敢，因为爱感受到幸福和快乐。那么，我们要如何赋予孩子爱与被爱的能力呢？

恰当的爱才能让孩子学会爱

小果生活在一个充满爱的家庭。父母靠自己的努力拼出了优越的生活，他们共同的目标就是让小果健康成长，不用像他们一样辛苦。他们总是极力满足小果的要求，小果想要什么就给什么。一次小果看上了邻居的绝版变形金刚，但对方舍不得给小果玩，于是爸爸想尽办法，终于从别人手上高价买来了一个。

小果父母从不要求小果做什么，他们认为只要孩子快乐成长就好。即使小果犯了错，父母也不要求他承担任何责任。一次他因为争执抓伤了一起玩的小朋友，小果妈妈也觉得不应该，就赶紧安抚受伤的孩子，并处理伤口。但妈妈只是自己在处理问题，并没有要求小果做些什么。小果父母希望小果把精力都放在学习上，什么事情都愿意替他做。有时候发现小果没有带上课用的书，父母就会想办法送到学校去。有时候因为没有写完作业，或者看电视太久，第二天起床晚了，父母就会帮他请假，让他晚一些再去学校。

长大后的小果很聪明，总能给人留下好的第一印象。但他总是不停地换工作，因为遇到困难不能坚持，还总是迟到、拖延；总是只顾自己，从不在意别人的感受和想法，他的朋友也很少；妻子也抱怨他从不分担家务，不知道体贴和关心。对此，小果也很委屈，我很爱我的妻子，也很爱我的朋友，他们怎么就感受不到呢？

小果的故事告诉我们，被爱是爱的基础，但不是只要被爱就能学会爱别人。

对于年幼的孩子来说，在爱的环境中成长，会让他有机会活下来，并建立好的自我价值感，认为自己是值得的，是被爱的。父母对待他的方式会让他学会如何对待身边的人，如何去爱他人，如何对待各种关系。但是，这个过程中，千万不能忽视，我们所提倡的无条件的爱并不是纵容，也不是毫无界限地包办替代，要知道，孩子是一个独立的人，他需要为自己负责。

孩子刚出生时，需要父母的全面照顾和保护才能安全地生活，父母要无条件满足他的所有需求，他也不需要为自己承担什么责任。但随着孩子渐渐长大，这时，我们就要懂得放手，要尊重孩子天性的发展，允许他成为自己，并为自己负责。我们需要提供给孩子更多的内在力量，给予他尝试的机会，并肯定欣赏他的每一点进步，支持他去满足自己的期待，学习如何解决问题，如何应对挫折，如何建立关系等。这会让孩子学习到爱是尊重生命的发展，给予对方所真正需要的，重要的是为自己负责。爱不只是说说而已，而是要有行动，要学习拥有爱的能力，并知道如何更好地表达。

赋予孩子爱的能力

艾瑞克·弗洛姆（Erich Fromm）在《爱的艺术》中说，爱不是我们与生俱来的一种本领，而是需要通过后天习得的能力。如果没有爱他人的能力，如果不能真正谦恭地、勇敢地、真诚地和有纪律地爱他人，那么人们在自己的生活中永远也得不到满足。如何让孩子拥有爱的能力呢？

1.爱是行动，不是说说而已。

如果一位妈妈跟你说她很爱自己的孩子，但她拒绝给孩子喂奶、洗澡和照顾他，那么你肯定会怀疑她是否爱他的孩子。如果她关心她的孩子，那么你就会很大程度上相信她是爱她的孩子的。同理，如果你说你很爱花，但你却从不给花浇水，也不管是否有虫害，那别人就不会相信你是爱花的。

爱是以关心为基础的，要付之行动，否则就只能是一种爱的意愿或者情绪了。

2. 爱是了解，要愿意分享自己，也愿意了解别人的感受和需求。

如果不能了解，我们就不知道别人需要什么，也不能去关心别人。愿意了解是基础，比如，小果的朋友觉得小果总是不顾及别人的感受而不愿和他深入交往。在任何关系中，都需要照顾到自己和他人的感受。

孩子是通过父母的示范进行最初的学习的。我们照顾孩子的感受，满足他的需要，但同时，我们也要让他学习到，别人也是有感受和需要的，要示范如何没有任何预设观点，带着好奇去看对方，比如，当你的脸沉下来，默默地走进另一间屋子，我猜想你可能在生气，即使你没有表达出来。但我还可以进一步去了解到，你很害怕和不安，你觉得很孤独，这样我就明白你的生气是你内心更深层东西的呈现，在我眼里，你就不再只是一个容易发怒的人，而是一个在不安和恐惧中受苦的人。

我们要在日常生活中培养孩子的同理心，但很多父母不给孩子学习的机会，总是不能直接表达自己的感受和需要，而是以指责、讲道理、抱怨等方式表达出来，比如：

“我都抱你这么远了，你就不能自己走吗？太讨厌了！”

“你就不能自己玩一会儿吗，一天到晚缠着我，好烦呀！”

这样做不但不能让孩子学会关心体贴别人，还会伤害孩子的自尊。我们完全可以换一种方式，让孩子学会去体贴和关心他人。我们可以直接告诉孩子我们可能有的感觉和期待，比如：

“妈妈的手太酸了，没有力气抱你了，你可以自己走一段路吗？”

“我工作一天很累，想一个人休息半小时，你可以自己玩一会儿吗？”

我们常常期待别人能知道我们想要的，就如有句在恋人中常常会出现的话“你爱我，就应该知道我在想什么”。如果对方没有回应，我们就会生气或者抱怨。但很多时候，如果我们不讲出来，对方是不知道我们的真实想法的，对孩子来说也是如此，如果我们不表达，孩子就不会知道我们有什么需要。

3.爱是责任，是为自己负责，同时也给予别人恰当的回应。

因为爱孩子，所以我们承担照顾孩子的责任，但责任不是强迫，没有人要求我们做什么，是我们自愿进行的，是对另一个生命的需要给予回应，包括生理需要和精神需要。让孩子学习爱，我们要让孩子为自己负责，并学习如何回应别人。

为自己负责包括为自己的行为、情绪、期待等负责。那么如何让孩子为自己的行为负责呢？我们知道，在孩子的成长过程中，难免会犯错，有些时候，我们不需要干涉，而是让孩子承担行为的后果。比如：

晚上不肯睡觉，第二天上课没精神，被老师批评；

出门不肯穿长裤，被蚊子咬了腿；

上学没带跳绳，结果别人跳时他无聊；

没写完作业，第二天被老师批评。

这些情况，你只需要理解就好了，不需要专门给孩子送一趟跳绳，或者以后替他整理书包。但并不是所有时候我们都不出面，如果孩子伤害了别人，我们就要出面。比如，孩子在游戏的时候，因为抢夺秋千，将别人从秋千上推了下来。如果你指责或者骂孩子一顿，然后自己去解决问题，这不是让他学习承担后果。你可以理解孩子的感受，但同时要求他为自己的行为承担一定的责任。你可以带上孩子，让他安慰受伤的小朋友，并当面赔礼道歉。

在爱中，我们承担责任，愿意关心别人，但并不是完全满足别人的所有需求，我们需要恰当地回应，在有些时候，需要说“不”。但很多人都不会说“不”，也不接受别人的拒绝，他们会抱怨、生气，甚至指责或威胁别人。比如：

“我就想玩一会儿你的小汽车，你都不肯，真是小气！”

“只不过想请你帮个小忙，你都不肯，一点儿都不爱我！”

这时候，我们要知道，哪些事是不需要我们承担的，我们需要把权利还给孩子，而不是因为自责而替他都做了。

4.爱是尊重，成就自己也成就别人。

如果没有尊重，那我们就会因为爱去控制别人。尊重别人不是惧怕对方，把对方高高地供着，而是愿意真正地去看到对方，去接纳对方，愿意使对方成长并发展自己。

当我们看到新生的宝宝，我们知道我们爱宝宝，我们不需要宝宝为我们做什么，也不会要求他是什么样子。宝宝会不会哄我们开心，会不会好好读书，将来是不是会孝顺我们，这都不重要。我们只是希望这个新生的宝宝可以以他自己的方式去成长、去发展，我们接受他本来的样子，而不会去要求他成为我们希望的样子。他不会讲话，他总是哭，但我们都接纳他。不论他是什么样，也不论他会做什么，我们都爱他。但当孩子渐渐长大，他有了自己的想法，有些跟我们想的一样，有些不一样，这时，我们还愿意去听他说，愿意去接纳他吗？

让孩子在成长过程中感受到我们的尊重，同时，我们也表达出需要被尊重的愿望。比如，你可以跟孩子说："你喜欢红色，所以你选择这件衣服。我喜欢绿色，所以我会选择那件衣服。虽然我们的选择不同，但我们都在做自己的选择。我尊重你的选择，虽然我不喜欢红色，但我支持你的选择。"当然，你可以用很多方式去示范如何更好地尊重。

> 爱不是意愿，而是行动，需要以了解为基础，愿意去负责和尊重。

爱不是意愿，而是行动，需要以了解为基础，愿意去负责和尊重。被爱让生命延续，让我们感受到自己的重要，而爱会让我们唤起内在的力量，能使自己更快乐。为了孩子能有独立的自我，不去控制和利用别人，真正享受爱的滋养，那就不仅应该让孩子感受到爱，更要让孩子拥有爱的能力。

关爱自己，让孩子获得滋养生命的能力

生命对于我们，绝对是珍贵的，但我们却常常听到各种选择结束生命的故事。作为父母，我们无不惋惜哀叹，到底有什么过不去的，需要用这种方式来对待生命？维吉尼亚·萨提亚说："当我们的生命中遇到黑暗时，我们不是去消灭黑暗，而是引入生命的光。"对于孩子，我们如何引导他们看见生命的光呢？

孩子成长的脚步永远超乎我们的想象。当他体验到自己是一个独立存在的人时，就常常给我们新的惊喜和挑战。

一天晚上，4岁的儿子突然问我："妈妈，人为什么会死？"曾经我也思考过这个问题，但他突然一问，我还是有些吃惊。我要如何回复他这个问题？面对他清澈的、企盼的双眼，我不想欺骗他，说些比如死只是去天堂或者出远门之类，但此时的他能理解的答案是什么呢，我想要从更积极的角度去带他看这个问题。

我答道："人从生到死是一个过程，有生就有死。"

"这个过程有多久？"他继续问。

"很长也很短。"我的确没办法给出一个确切的长度。

“我们都会死吗？”他再问。

“会的。”这是在我现有认知里不可违背的。

“怎么才能不死？”他又问。

那一刻，我很欣赏儿子的思考方式，不是沉浸在对死亡的害怕里，而是真的去想如何更好地应对。

“我不知道。但是我猜想，如果我们能够照顾好自己的话，就能更好地活。”我不想给固定的模式，而是想促发他去思考。

略停顿了一会儿，他有些担心地问：“妈妈，你会死吗？”

“会的。但我会照顾好自己，好好地活。”我看着他，肯定地说。

“我是小孩，小孩会死吗？还是要等老了才会死？”他想到了自己。

“如果可以照顾好自己，也许会老了才死；如果没有照顾好自己，也许不老也会死。”这句话他让我重复了两遍。也许听起来很绕，但重点是我们面对这个问题可以做些什么，我想引导他如何更积极地看待生命，也想让他更好地应对现在的生活。

“怎么才能照顾好自己？”果然，他问到了如何做，我心里乐开了花。

“对我来说，就是照顾好自己的各个方面。比如，照顾好自己的身体，饿了吃想吃的、冷了穿让自己更暖和的；做自己喜欢的事，想哭就哭，想笑就笑。”我们想要的是什么，我们如何满足自己，这是我想要告诉他的，也是他在这个年龄能理解的。

“那我还可以骑车吗？还能开车吗？还能制造我的紫色汽车吗？”他的关注点回到了当下，这些都是他这个阶段的梦想。

“当然可以，你想要做的、喜欢做的都可以去做。”我笃定地告诉他。

“妈妈，我还不想死。”

“那你就好好活。妈妈也会陪着你、照顾你，和你一起活着。”

说完他扭头就睡了，我却睡不着了。

对于死亡，很多孩子都会问到，有人会认为这个话题说起来太残酷了，而常常给孩子模糊的回答。比如，有的人会把死亡讲成一个美丽的故事，认为这样可以让孩子没有伤痛，生活在美好的世界里，其实，这样做会让孩子难以面对人生真实的一面。有的人会说死是睡觉，让孩子以为死就是安安静静地睡觉，这样容易混淆死亡和睡觉，有的甚至孩子会害怕睡觉，害怕一睡就死过去。还有的人会说死是去了很远的地方。虽然可以在当下安抚孩子，却给了孩子假象，也容易让孩子产生“为什么去那么久”“为什么不跟自己再见”的想法，甚至会让孩子心生怨恨。

对孩子最好的保护就是让他了解事实真相，他问什么你答什么。在不同阶段，他想了解的角度也不同，重点在于你要传达的是什么样的态度，你是如何看待生命的。千万不要因为不想面对，或者认为孩子知道太多无益，而选择糊弄或回避孩子。你不一定非要讲得多么精辟，重要的是让孩子学会如何去面对这个问题。我们不可能永远不死，但我们可以以一种积极的心态去享受我们生命存在的每一个当下，也可以带着好奇去看看生命中到底有多少可能性。

到底要如何才是对生命的尊重，你可能有更好的方式，无论你用什么方式，有几点是需要我们不断示范的，如果有机会也可以跟孩子一起探讨。

尊重生命从关爱自己开始，从处理好自己的关系着手

很多时候，我们会陷入自我怀疑或是否定中，这往往是因为我们没有处理好和自己的关系，对自己不接纳、不认可。但是你想过没有，在这个世上有一个会陪你一起高兴、一起难过，一起承担所有的人，即使你不喜欢他，从未表扬过他，不论你怎么对他，他都对你不离不弃，这个人就是你自己。我们一直在讲爱自己，但爱并不只是给自己吃好的、穿好的、做想做的，爱自己就要更好地了解自己，让自己的内在更和谐。

心理治疗大师萨提亚指出我们应该用“自我环”来帮助我们更了解和关爱自己。“自我环”包括8个层面：身体的、智力的、情绪的、感觉的、互动的、营养的、情境的和灵性的，希望通过不同层面来了解自我、关爱自我，进而也观照到我们的孩子。

如果我们不能提供健康的营养，就会影响孩子身体的发育；如果我们不能照顾到孩子的情绪，那么孩子可能会破坏环境，而脏、乱、差的环境又会影响孩子的情绪。所以说，这8个层面是一个整体，互相作用和关联。如果某一个部分照顾得过多或者不够，整个系统就会失衡。那么，我们可以根据下表中所列出的内容，对自己和孩子进行更多的观照：

自我环的8个影响层面

自我环	自我	孩子
身体	✦ 是不是接纳每个部分 ✦ 是不是会嫌弃孩子过胖或者过瘦 ✦ 当孩子身体有一些不舒服时，是不是能帮助他好好处理	✦ 当孩子累了的时候，是不是可以得到很好的休息
智力	✦ 用什么来认识和思考 ✦ 如何处理我们每天接收到的信息 ✦ 以什么方式进行学习 ✦ 如何认知世界	✦ 对于孩子来说，既要帮助他们发展这部分，但又不能只有这部分
情绪	✦ 认识情绪，情绪没有好坏对错之分 ✦ 管理好我们的情绪 ✦ 为了有好的情绪状态，我们做了些什么	✦ 允许孩子表达情绪 ✦ 与孩子在一起时，我们带给他们的情绪体验是什么
感觉	✦ 各种感官对于客观事物的反应，比如听觉、视觉、味觉、触觉、痛觉等 ✦ 认识世界的直接经验来源于感官	✦ 刚出生的孩子喜欢看黑白图片，喜欢看妈妈的脸，喜欢用嘴去品尝几乎所有的事物 ✦ 保护孩子的感官，在安全的情况下，允许孩子自由地听、自由地看、自由地摸，让他们通过感官去接触真实的世界

续表

自我环	自我	孩子
互动	✦ 既包括和他人，也包括与自己的交流。通过交流建立各种关系，如朋友关系、爱人关系、与自己的关系等，在关系中，好的交流和互动能让彼此更加亲密 ✦ 包括语言信息和非语言信息。语言是指我们的口头表达和书面表达，非语言层面就包括我们的肢体、表情等信息	✦ 在语言层面，用温柔的语调，清楚地向孩子表达我们的心意 ✦ 在非语言层面，传达一致的信息，示范更健康一致的沟通方式，有更好的倾听和表达。比如，有时我们嘴上跟孩子说，我们很高兴，但我们却皱着眉，这就让孩子很疑惑，也是我们常常忽略的地方 ✦ 允许孩子自由地表达
营养	✦ 营养让我们得以存活，提供我们身体所需要的能量 ✦ 示范良好的饮食习惯，不因为太忙而随意应付一日三餐，不会只吃各种零食而不吃主食，不会只喝各种饮料而从不喝白水	✦ 对孩子过度喂养要引起注意 ✦ 让孩子学会恰当看待自己的营养需求
情境	✦ 包括很多部分，既有外在，也有内在 ✦ 每个人都喜欢整齐、舒适的环境，有合适的光线和温度 ✦ 你的内在是什么样，是平静的还是矛盾的，你有什么样的需求，你会选择什么样的方式满足 ✦ 我们要了解每个生命，也要知道他人所处的情境是什么样的	✦ 孩子天生会喜欢整洁的环境，在这样的环境中，他们会更愉悦 ✦ 给孩子一个安全有序的环境，你喜欢你的孩子未来生活在什么环境里，那么你就要给孩子营造一个这样的环境，重要的是要让孩子意识到，我们要有意愿去为自己创造一个喜欢的环境
灵性	✦ 这是生命的本质，是生命能量，或者说是爱，是让我们觉得温暖、积极、美好的一种存在 ✦ 专注喜欢的事物，或者做真实的自己，做善良的事，就会滋养灵性，生命能量也会处于一种很饱满的状态	✦ 孩子天生就是充满灵性的，他们真实而充满爱，他们喜欢美好的事物。比如，你冲小宝宝微笑，他也会用微笑回应你 ✦ 通过眼神，彼此滋养，无须任何的言语

尊重生命，要多一份好奇，去处理和别人的关系

只要我们活着，就会与他人建立关系，孩子也会从与我们的亲子关系开始，到建立同伴关系、师生关系、亲密关系等。在关系中，我们透过对方可以看到自己，但重要的是，不仅要观照自己，同时也要注意到别人，这样才会有好的关系。

带着好奇，你就会看到人、事、物本来的样子，看到每个生命都是独特的。你带着好奇就会有新的学习，也会有新的成长。如果你总带着自己的认识和评判，会少了很多乐趣，你也就无法好奇，就失去了很多可能性。

对关系最大的考验就是能不能看见对方的不同，还能允许这份不同存在，而不是你爱我就要认同我，你爱我就要和我一样，这样的控制会让对方离你越来越远。对于孩子也一样，任何情况下，我们是否都能够如他所是地看待他？可以告诉他我们的看法，但也允许他有自己的想法存在。让他体验到人与人虽然是不同的，但我们还是相爱的。

尊重生命，学习说“不”，让好的情境关系来滋养我们的生命

除了关注我们的内在，我们也要在意我们所处的情境，这个情境可能是自然的，或者只是一个团体。当你能够融入一个群体，你会感觉自己是被接纳的，会有归属感，反之，你会觉得格格不入，会有失落感。

面对情境，首先我们要敢于说“不”，当我们遇见不喜欢的人，不喜欢的场景，不喜欢的地方，我们要学会拒绝。我们也要允许孩子说“不”，比如他不喜欢某个我们很熟悉但对他来说是陌生的人时，我们不

能强迫他去打招呼，对孩子来说，如果他连面对父母都不能说“不”，那么，将来他面对其他人和环境，比如一起欺负班上某个同学，或者某些同学都在做的不健康的行为，又如何能够拒绝呢？

另外就是面对情境时，我们要能坦然面对自己的脆弱。你不可能在所有情境下都表现得很优秀，你可能在某个部分是主角，在另外的部分就是配角，你要能够接纳自己就是这样的。孩子也是一样，他可能会受一些人喜欢，而另外一些人不喜欢他，你要示范如何应对这样的情境。而一些孩子在融入某个情境时可能会比别的孩子慢，这时，请允许他以自己的节奏慢慢来。

生命是一个美妙的过程，每个清晨醒来的时候，我们可以自由地呼吸，可以看见想看见的，可以开始生命中新的一天，感恩我们还活着，还能呼吸，这是多么美妙的存在。

> 愿我们都能和孩子一起去体验生命的存在，去创造更多的可能性。